Das Kochbuch zum BESTSELLER

MARION GRILLPARZER
MARTINA KITTLER

GLYX-DIÄT
DAS KOCHBUCH

INHALT

➤ GLYX-BASICS: DAS WICHTIGSTE VORAB 5

➤ GLYX-REZEPTE, DIE GLÜCKLICH UND SCHLANK MACHEN 32

GLYX-Basics: Das Wichtigste vorab

Sie wollen abnehmen, Energie tanken, genießen statt verzichten und Glücksgefühle locken? Funktioniert. Ganz einfach. Mit der GLYX-Formel. Dahinter steckt, wie man Lebensmittel clever auswählt und clever kombiniert – schon schmelzen die Pfunde weg und Sie tanken Vitalität. Auf den folgenden Seiten lesen Sie, was Sie von den Urzeitmenschen lernen können. Warum die GLYX-Diät eine Glücksdiät ist. Wie man klug sündigt und was alles in die GLYX-Küche gehört.

Es ist so einfach, gesund zu essen ...

Wunderbare Süßigkeiten der Natur: Erdbeeren mit Schokohäubchen. Das Rezept finden Sie auf Seite 49.

... und dem Körper zu geben, was ihm gut tut

Man nehme eine reife purpurrote Erdbeere, tupfe sie in warme Bitterschokolade und ab in den Mund. Wenigstens eine. Bei den anderen lässt man das Häubchen fest werden und genießt sie dann, wenn man Lust darauf hat. Erdbeere mit Schokohauchhäubchen ist eine Süßigkeit ohne Nebenwirkung. Eine, bei deren Genuss nicht nur die Geschmackspapillen jubilieren, sondern auch 70 Billionen Körperzellen. So einfach kann es sein, dem Körper zu geben, was er braucht, damit er von dem lässt, was er nicht braucht: Vom lästigen Fett. Kürzlich rief mich eine Leserin an. »Danke. Ich fühle mich mit der GLYX-Diät viel besser, und die ganze Familie profitiert davon. Unser Kühlschrank quillt über vor lauter Obst und Gemüse. Bislang kannte ich Obst nur aus der Dose.« Diese Leserin wog 120 Kilo auf 160 Zentimeter, und war bisher nicht nur deshalb unglücklich: Dosenfutter schenkt halt keine Energie.

Stecken Sie ein bisschen mehr Zeit ins Essen

Besser zu essen kostet nur ein bisschen mehr Zeit als die Dose Obst aufzumachen, die Tütensuppe fix mit Wasser anzurühren, das Schlemm-mich-schnell-Gericht in die Mikrowelle zu stellen. Und diese Frei-Zeit für mehr Gesundheit, für bessere Laune, für einen Körper, der sich einfach gut anfühlt, haben wir ja. Pro Tag genau 38 Minuten mehr Freizeit als vor 30 Jahren.

Doch fest steht: Wir investieren nicht (oder wenig) Zeit und Geld in hochwertige Lebensmittel. Statt dessen geben wir Geld aus für Freizeitprodukte wie Golfschläger, DVD 's, Autofelgen und Urlaubsflüge. Und kaufen im

Supermarkt Tütensuppe, bunte Zuckerlis, Fruchttraum, cremigen Käse, magere Wurst, Schlemmerfilet, Cola light, Knäckebrot und und und ... Aber genießen tun wir das nicht. Es lohnt sich wirklich, etwas mehr Freizeit in gutes Essen zu investieren, weil es ja eigentlich dafür sorgt, dass wir all die Dinge auch genießen können – die Freizeit, den Urlaub, das Leben.

➤ INFO

Die Alles-nur-nicht-Kochen-Küche

Keine Zeit? Das kennt jeder, so geht's uns nicht immer, aber oft. Darum finden Sie ab Seite 128 Rezepte, die man ganz schnell und ohne Aufwand auch als Strohwitwer, auch als eingeschworener Fix-&-Hopp-Fan hinbekommt. Es handelt sich sozusagen um lauter Schnell-Koch-Gerichte aus der GLYX-Küche – um gesunde noch dazu. Die Gaumenzellen freuen sich. Nur die 40 Milliarden Fettzellen rümpfen die Nase.

Welchen Treibstoff tanken Sie?

Lebensmittel, die in der Fabrik ihr Leben gelassen haben? Das ist im Grunde nichts anderes, als wenn Sie Diesel in den Benziner füllen, um billiger ans Traumziel zu kommen. Nur erreicht man das Traumziel mit Diesel nicht – der Motor spielt da nämlich nicht mit. Tut Ihr Körper auch nicht. Anfangs kann er den Fast-Food-Diesel noch ein bisschen kompensieren. Später bringt er weniger Leistung – und dann wird er krank. Um das zu erkennen, ist es nie zu spät. Ein Schweizer Vermögensberater, 65, rief an: »Ich hab' Ihr Buch in einer Nacht gelesen. Und dann hab' ich alles aus der Küche rausgeschmissen, was kein »Leben« enthält. Wo soll ich das denn hinschicken? Ich hab' ein schlechtes Gewissen, das jetzt jemandem anderen zuzumuten.«

Sollen wir einfach weniger essen?

Ernährungsexperten, Diätratgeber, der Arzt, der Partner, jeder klärt einen auf: »Du musst aufpassen. Übergewicht heißt heute »Syndrom X«. Und das bedeutet nichts Gutes. Denn wachsende Fettpölsterchen belasten auch die Gesundheit, führen zu Diabetes, Herzinfarkt oder Schlaganfall. Dazu kommen Alzheimer, kaputte Gelenke, Krebs.« Das schlechte Gewissen isst immer mit. Berechtigterweise? Kriegen wir Herzinfarkt und Diabetes, weil wir zu viel essen? Müssen Übergewichtige mit einem 50 Prozent höheren Krebsrisiko als Schlanke leben? Wir sterben, weil wir zu viel essen, haben wir gelesen. Deshalb würden wir das Essen am liebsten aufgeben wie eine lästige Sucht. So wie man sich das Rauchen und das Trinken abgewöhnt. Einfach sein lassen, Null-Diät bis ans Ende unserer Tage.
Schöne Theorie. Wenn nur der Heißhunger nicht stärker wäre, als unser Wille. Wie ein Slalom-Läufer umkurven wir Kalorien und Fettaugen – bis wir dann trotzdem mit der Gabel in der Currywurst landen oder von der Torte naschen. Und uns schämen, weil wir uns wieder einmal gehen lassen. Ist es denn normal, dass wir »genießen« mit »sich gehen lassen« verwechseln, und den Hunger als Krankheit betrachten, die man mit Schlankheitskuren und Appetitzüglern heilen muss? Nein. Wir essen nämlich nicht zu viel. Wir essen nur das Falsche. Wir essen billige, in Massen verfügbare Produkte, die durch künstliche Aromen statt Nährwert überzeugen und schön schnell zuzubereiten sind.

Das Falsche zu essen, macht dick

Also essen wir mit schlechtem Gewissen – aber trotzdem das Falsche, und das macht dick! 67 Prozent der Deutschen sind übergewichtig. Und warum? Weil sie nicht »Lebensmittel« essen, sondern »Nahrungsmittel«. Nur zu 30 Prozent ernährt uns die Natur, zu 70 Prozent die Industrie. Mit Fertigprodukten, die in den Töpfen der Industrie vorgefertigt werden, um uns fertig zu machen. Die meisten Produkte, die wir tagtäglich in uns hineinstopfen, sind mit künstlichen Aromen versetzt, mit Zucker übersüßt, mit E-Nummern gewürzt und gaukeln uns nur vor, Lebensenergie zu liefern. Aber das können sie gar nicht. Sie bieten nur tote, mit Chemie versetzte Materie, die den Gaumen austrickst und den Magen füllt. Fertigprodukte werden leider auch dadurch nicht besser, dass auf der Packung steht »cholesterinfrei«, »light«, »mit Vitamin C«. Deswegen sind wir müde, ausgepowert, dick und krank.

Raus aus dem Kühlschrank

Machen Sie gleich den ersten Schritt in ein neues, schlankes Leben: Räumen Sie in Ihrem Kühlschrank auf. Trennen Sie sich von den Fix-&-Hopp-Nahrungsmitteln, die Sie nicht unbedingt brauchen. Die Ihrem Körper nicht gut tun. Sie erkennen sie an der langen Zutatenliste auf dem Etikett – mit vielen E-Nummern oder chemischen Bezeichnungen wie Emulgatoren, Aromastoffe, Geschmacksverstärker, Bindemittel, Farbstoffe. Diese Stoffe kennt der Körper nicht, er muss sie erst einmal »verdauen«. Und genau das raubt ihm Energie und Ihnen Lebenskraft.

Füllen Sie Ihre Küche mit den wahren Lebensmitteln: Obst, Gemüse, Hülsenfrüchte, Fisch, Milch- und Sojaprodukte, qualitativ hochwertiges Fleisch, Geflügel und Wild. Werfen Sie einen Blick in die Buchklappe hinten – lassen Sie sich vom grünen Punkt leiten.

Was verbirgt sich hinter »GLYX«?

Da dieses Buch, die kleine Schwester meiner »GLYX-Diät – Abnehmen mit Glücks-Gefühl« möglichst viele Rezepte für den GLYX-Alltag enthalten soll, fasse ich mich in der Theorie kurz. Statt ausführlicher Erklärungen zum Wieso-weshalb-warum nur eine Zusammenfassung des GLYX-Prinzips.

GLYX ist die Abkürzung für den glykämischen Index – man könnte sagen, eine moderne Form der Kalorie, die das Schicksal bestimmt: Dick oder dünn? Fit oder krank. Er zeigt an, wie stark ein Nahrungsmittel Blutzucker und Insulinproduktion beeinflusst.

Nicht neu, aber populärer denn je

Schon vor mehr als 30 Jahren bewertete Dr. David Jenkins von der Universität in Toronto Lebensmittel nicht mehr nach Kalorien, sondern nach ihrem glykämischen Index: In zahlreichen Studien ließ er Teilnehmer verschiedene Lebensmittel essen und bestimmte danach den Blutzuckerspiegel. Die Ergebnisse dienten ihm dann als Basis für die GLYX-Werte. Obst, Gemüse, Schokolade, Brötchen & Co. bekamen einen Wert zwischen 1 und 100. Je höher der Wert, umso stärker der Blutzuckeranstieg.

Lässt ein Lebensmittel den Blutzucker schnell und hoch ansteigen, lockt es viel Insulin. Und genau das macht dick. Deswegen empfahl Dr. Jenkins seinen Patienten, nur noch Lebensmittel mit einem niedrigen GLYX unter 50 zu essen. Und siehe da, bei denen, die sich daran hielten, schmolzen die Pfunde nur so dahin.

Mittlerweile gibt es umfangreiche Tabellen mit GLYX-Werten. Man kann darin einfach ablesen, welche Nahrungsmittel dick machen.

Vorsicht, kleine GLYX-Fallen

Mit der GLYX-Bewertung kommen viele »gesunde« Lebensmittel wie Knäckebrot, Kartoffeln, Bananen oder Cornflakes gar nicht gut weg. Ein paar Beispiele in Zahlen: Trauben haben einen GLYX von 45, Rosinen sogar von 64. Weißbrot hat einen GLYX von 70, Vollkornschrotbrot wurde mit 53 bewertet. Weitere Vergleiche: Pommes frites 75, Pellkartoffel 62. Kirschen 20, getrocknete Datteln 103. Apfelsaftschorle 20, Bier 110. Im Gegensatz zu diesen Kohlenhydratträgern weisen fett- und eiweißreiche Lebensmittel wie Fisch, Fleisch oder Milchprodukte niedrige GLYX-Werte auf. Und die meisten Fertigprodukte haben einen hohen GLYX – oft steckt viel Fett drin.

Insulin ist unser wichtigstes Speicherhormon ...

Lebensmittel mit hohem GLYX locken also viel Insulin. Aber warum ist das so ungünstig? Das Hormon schickt Nahrungsfette in die Fettzellen und sperrt sie dort ein. So macht Insulin Abnehmen unmöglich. Wer ohne große Essenspausen die falschen Lebensmittel isst, lockt es oft den ganzen Tag. Es steht dann wie ein Wächter vor den Fettzellen und lässt das ungeliebte Depotfett nicht hinaus.

... und unser Heißhungerhormon

Insulin ist die Antwort der Hormonforscher auf die Frage, warum wir immer dicker werden: Wir haben mehr Hunger. Insulin macht Heißhunger. Weil es den Blutzucker schnell absinken lässt – und das macht uns unkonzentriert, nervös, fahrig, und zwingt uns den Blutzucker schnell wieder aufzufüllen. Mit immer mehr Stärkehaltigem oder Süßem. Deswegen sind die Portionen der Dickmacher in den letzten Jahren gewachsen. Pommes, Popkorn, Chips, Cheeseburger, Cola & Co gibt's mittlerweile in XXL-Größen.

GLYX-niedrig = Medizin

Essen nach dem GLYX garantiert nur Gutes: Das Fett verbrennt im Muskel. Der Blutzucker bleibt konstant, was Diabetes vorbeugt. Die Blutfettwerte sinken, das schützt vor Herzinfarkt und Schlaganfall. GLYX-niedrig stärkt das Immunsystem und beugt Gicht vor. Außerdem bildet der Körper mehr gute Gewebshormone, die Eicosanoide. Das feit vor chronischen Krankheiten, wie Rheuma, Arthrose und Allergien, hält agil, schlank, jung und gut gelaunt. Und GLYX-niedrig ist ein wahrer Jungbrunnen: Zu viel Zucker reagiert mit einem aggressiven Eiweißmolekül zu einer zähen Masse, die Zellen und Blutgefäße verklebt und zu Herzinfarkt, Schlaganfall, Alzheimer und Altersflecken führt.

➤ TIPP

Der grüne Punkt

In der Buchklappe finden Sie einen GLYX-Guide durch die Lebensmittelwelt.

- Von Lebensmitteln mit grünem GLYX dürfen Sie viel essen.
- Von Lebensmitteln mit gelbem GLYX wählen Sie eine kleinere Portion.
- Roter Punkt: In Kleinstportionen genießen.
- Da wo es sinnvoll ist, fließt der GL mit ein – die so genannte glykämische Ladung, die besagt: Eine große Portion von diesem Lebensmittel lockt auch mehr Insulin.

Reif für die Zeitreise-Therapie?

In Nüssen und Samen stecken pralle Lebensenergie und Schlankfette. Täglich knabbern: 20 Gramm, ohne Schokomantel.

Übergewicht, Diabetes, Herzinfarkt, Schlaganfall, kaputte Gelenke, Alzheimer, Burn out, chronische Müdigkeit, Rückenschmerzen ... – Zivilisationskrankheiten, die in 90 Prozent der Fälle vermeidbar wären. Ganz einfach, indem man gut isst, trinkt und sich bewegt. Da können wir von unseren Ahnen lernen.

Kommen Sie mit in die Eiszeit

Damals hat der Mensch noch ein Drittel seiner Zeit mit Schlafen verbracht, ein Drittel auf der Nahrungssuche und das verbleibende Drittel mit Essen. Genauer mit dem Kauen. Gemessen an der Energie, die er kauend zu Tage legen musste, hatte er viel zu wenig Zeit für das Essen. Weil es so lange dauerte, das rohe Elefantensteak runter zu kriegen. Intensives Kauen trug schließlich sein Scherflein zur Entwicklung des Gehirns bei. Dass Kauen mit dem IQ zu tun hat, erzählen heute noch die Kaugummi-Hersteller.

Lernen Sie Essen und Trinken schätzen

Setzen wir die Zeitreise in einer späteren Epoche fort, in einer Zeit, in der das Feuer schon entdeckt war: In der Zeit der Neandertaler. Vom Hunger getrieben streiften unsere Vorfahren tagelang durch die Wälder, um eine Antilope zu jagen. Sie sammelten emsig Steinzeit-Nahrung: Wurzeln, Beeren, Samen und Blätter. Sie entfachten das Feuer mit Steinen, brieten die Keule, schmorten die Wurzeln und aßen wie die Scheunendrescher. Ein paar Tage später litten sie vielleicht wieder Hunger, weil die Antilope diesmal schneller war als die Jäger. Unsere Vorfahren haben schon längst begriffen, dass Essen gut für sie ist. Und genau das sollten auch wir, im Hier und Jetzt, begreifen: Essen ist gut. Es ist sogar überlebenswichtig.

Essen ist Gesundheit, Spaß, Kultur

Essen ist lebenswichtig. Essen ist mit das Schönste, das wir kennen. Essen bedeutet Kommunikation, Geselligkeit, Kultur. Essen ist Baustoff für die Gesundheit. Essen ist Treibstoff – es liefert unserem Körper, was er braucht, um zu funktionieren. Essen braucht die Seele, um Fröhlichkeit überhaupt empfinden zu können. Essen macht also glücklich, zufrieden, fit. Es schenkt uns Energie. Sofern man nur das Richtige isst. Hungern macht nicht glücklich. Auch mit Fertigprodukten »verhungern« wir, denn Dosenfutter schenkt nun mal keine Lebensenergie. Auch dann nicht, wenn wir die Nährstoffe, die den Nahrungsmitteln fehlen, aus der Apotheke holen. Besonders fatal: Während 70 Billionen Körperzellen hungern, saugen sich 20 Milliarden Zellen voll: Die Fettzellen. Sie können sich um das Tausendfache ausdehnen. Und wir haben Kummer auf den Rippen.

Wie tankten unsere Vorfahren Lebensenergie?

Was spendete uns Energie in einer Zeit, in der dieser Planeten-Riegel, Sie wissen schon, noch nicht erfunden war? Unser Vorfahre ...

♦ ... aß dreimal so viel verschiedene Früchte und Gemüse als wir heute. Dazu: Hülsenfrüchte, Samen und Nüsse. Er litt nicht unter morgendlichen Sitzungsproblemen. Und das, was er produzierte, hatte gigantische Dimensionen. Denn in seinem »täglich Brot« steckten 100 Gramm Ballaststoffe.

♦ ... nahm mit einer Portion Nüsse alle gesunden Fette, wertvolles Eiweiß und ein kleines Bergwerk voller Mineralstoffe und Vitamine auf. Schon 20 bis 30 Gramm Nüsse täglich können vor Herzinfarkt schützen. Nur nicht, wenn Sie sich in einem Salzmantel oder im Schoko-Riegel verbergen.

♦ ... aß Getreide, Pflanzen und Samen – heute hauchen diese ihr Leben in den Mühlen der Industrie aus, bevor sie gezuckert und gesalzen, konserviert, geschmacksverstärkt und aromatisiert in Dosen landen.

♦ ... aß Fleisch, das drei bis zwölf Prozent Fett enthielt – natürliches, gesundes Fett mit vielen ungesättigten Fettsäuren, weil es von Tieren stammte, die sich in freier Wildbahn bewegten. Der moderne Mensch verzehrt Fleisch von Mastvieh, das 25 bis 40 Prozent gesättigte Fette enthält, die seinem Herz nicht bekommen. Dazu gesellen sich Hormone, Antibiotika & Co., die uns krank machen.

♦ ... aß Fisch. Fetten Fisch, der reich an Omega-3-Fettsäuren ist. Genau diese fehlen dem modernen Menschen heute. Und deswegen werden wir krank, leiden an Herz-Kreislauf-Erkrankungen, Nervenstörungen, Arthritis, Depressionen und vielem mehr.

♦ ... nahm wertvolle Fettsäuren in Form von Pflanzen auf: Oliven, Avocados, Samen, Nüsse – und wir schmieren uns Margarine aus dem Sonderangebot aufs Brot. Wir glauben

➤ **TIPP**

Das können Sie tun!

Bauen Sie wieder Natur in Ihren täglichen Speiseplan ein: täglich 20 Gramm Nüsse, ungesalzen und ohne Schokolade drumherum. So viel Obst und Gemüse, wie Sie mögen. Essen Sie mindestens dreimal pro Woche Fisch, auch fetten Seefisch. Verwenden Sie vor allem die Öle, die Sie fit machen: Olivenöl, Rapsöl, Leinöl oder Nussöl. Minimieren Sie, wo immer es geht, tierische Fette: Essen Sie häufiger mal Fleisch von Wildtieren. Und wählen Sie magere Fleischsorten. Greifen Sie bei Vollkornprodukten zu.

Ernährungsexperten, die uns seit 40 Jahren Weizenkeim- und Distelöl ans Herz legen, Öle, die unserem Herzen gar nicht gut tun.

♦ ... trank keine Softdrinks – kein Zuckerwasser, das die Bauchspeicheldrüse ständig antreibt, noch mehr Insulin zu produzieren. Er trank Wasser pur. Ohne Zucker, ohne Süßstoff, ohne Aromastoffe – pure Natur.

♦ ... kannte keine E-Nummern: Antioxidationsmittel, Backtriebmittel, Emulgatoren, Farbstoffe, Füllstoffe, Geschmacksverstärker, Schaumstabilisatoren, Säureregulatoren. Zusatzstoffe, die heute dafür sorgen, dass der »Früchtetraum« aus dem Kühlregal länger hält, super aussieht und intensiv schmeckt. Der die Lust am Original raubt und dazu verleitet, Joghurt mit viel Zucker und künstlichen Aromen zu kaufen.

Eis mit Karamel, ein Fest für die Fettzellen. Ab und zu dürfen die ruhig auch feiern.

Das Zeitalter der schnellen Kohlenhydrate

Der moderne Mensch isst vorwiegend Produkte mit schnellen Kohlenhydraten wie Stärke und Zucker. Schnell, weil ihre Glukosemoleküle über den Darm blitzschnell ins Blut dringen, den Blutzuckerspiegel rapide ansteigen und dann rasch wieder abfallen lassen. Dadurch entsteht Heißhunger, was uns zu weiteren schnellen Kohlenhydraten greifen lässt. Wir tanken schnelle Energie aus Brötchen mit Marmelade, Fruchtnektar und Leberkäsesemmel. Aus Schokoriegel, Softdrink oder Fertigmenü. Die schnellen Kohlenhydrate verfolgen uns den ganzen Tag. Locken ununterbrochen Insulin – das dafür sorgt, dass das Fett auf den Hüften bleibt.

Die süße Lust

Auch unser Vorfahr liebte es süß und genoss süße Früchte und Honig – gelegentlich. Wir essen 68 Pfund raffinierten Zucker im Jahr. Aber nur 16 Prozent des weißen Goldes stehen in der Dose in der Küche. Den Rest versteckt die weiterverarbeitende Industrie auch in gar nicht süßen Produkten wie z. B. im Ketchup, im Senf, in der Essiggurke. Sie fügt ihn als Konservierungsstoff nahezu jedem Fertigprodukt zu.

Dabei kennt unser Körper Zucker gar nicht. Unser biologisches Programm ist Millionen Jahre alt, Zucker gibt es aber erst seit 200 Jahren. Vorher wurde hauptsächlich mit Honig gesüßt. Aber deswegen müssen wir nicht ganz verzichten: Ein bisschen Zucker kann nicht schaden, ist purer Genuss. Doch mit den heute üblichen Mengen kommt unsere Bauchspeicheldrüse nicht klar. Sie produziert Unmengen vom Speicher- und Heißhungerhormon Insulin. Und so lange das im Blut schwimmt, wird kein Fett verbrannt.

Dosieren Sie Zucker wie weißes Gold

Die Zuckerindustrie wehrt sich vehement gegen Angriffe auf das »weiße Gift«. Auf ihrer Internetseite liest man: Zucker macht nicht dick, macht die Zähne nicht kaputt, raubt keine Vitamine, fördert Diabetes nicht ... Natürlich, in homöopathischen Dosen ist Zucker sogar Medizin. Im Mittelalter wurde er mit Gold aufgewogen – und in der Apotheke verkauft, in winzigen Mengen verzehrt. Als Mittel gegen Verstopfung, Blähungen oder Koliken. Aber heute essen und trinken wir im Schnitt 100 Gramm Zucker pro Tag – das ist etwa doppelt so viel wie die Weltgesundheitsorganisation WHO als Obergrenze empfiehlt. Einen Tag lang macht das nichts. Aber 365 Tage im Jahr?

Wo kommt nur all der Zucker her?

Rein statistisch steckt der Zucker zu ...

- 16 Prozent in der Zuckerdose zu Hause.
- 22 Prozent in Süßigkeiten.
- 14 Prozent in Brot und Backwaren.
- 6,5 Prozent in Marmelade.
- 6,5 Prozent in Speiseeis und Milcherzeugnissen.
- 20 Prozent unseres Zuckerkonsums finden in flüssiger Form statt: Zucker steckt in Limonaden und Fruchtnektar, Wein und Sekt.
- 15 Prozent verstecken sich in Kakaopulver, das oft zur Hälfte aus Zucker besteht.

Das Brot – und die Wurstbrotkultur

Kaum etwas schmeckt besser als ofenfrisches Brot mit Butter oder Käse. Kein Wunder, dass sich der Brotverzehr in Deutschland auf 86,8 Kilo pro Kopf und Jahr addiert. Das entspricht vier Scheiben Brot plus einem Brötchen täglich. Das ist einzigartig in Europa. Traurig, dass nur ein Fünftel davon aus vollem Korn besteht. Wir essen das ausgemahlene Mehl und verfüttern die wertvollen Ballaststoffe an das liebe Vieh. Dabei ist Weißmehl für die Gesundheit noch ungünstiger als reiner Zucker. Seine Stärkemoleküle driften schneller ins Blut und entfalten ihre Dick-und-krank-Wirkung noch etwas intensiver. Hinzu kommt, dass wir das Brot nicht pur essen, sondern mit Wurst – schließlich haben wir eine Wurstbrotkultur. Während das Brot das Insulin lockt, wandert die Butter mit der Wurst in die Fettdepots auf der Hüfte. Und bleibt dort lange liegen, weil wir immer wieder in den Brotkorb greifen.

➤ **TIPP**

Das können Sie tun!

Locken Sie nicht den ganzen Tag ihr Dickhormon Insulin, weil Sie das Falsche – eben zu süß – essen und trinken. Verwenden Sie Zucker wie weißes Gold. Das Löffelchen im Kaffee ist purer Luxus. Es gibt natürliche, gesündere Alternativen: Honig, Ahornsirup, Birnen- oder Apfeldicksaft sowie Fruchtzucker. Diese locken auch Insulin – aber nicht so stark, und nicht, wenn Sie sie sparsam wie Gewürze verwenden. Süßen Sie, wann immer es geht, mit den süßen Früchten der Natur: Mit Obst, frisch oder in getrockneter Form. Achten Sie auf versteckten Zucker, ein Minimum ist noch zu viel: Zucker steckt oft in großen Mengen in vermeintlich gesunden Produkten wie Kakao, Cornflakes, Müsli oder Ketchup. Lesen Sie die Zutatenliste auf dem Etikett. Zucker verbirgt sich dort auch hinter den Begriffen Glukose, Glukosesirup oder Saccharose.

Schlank mit Brot

Sehen Sie Brot als köstliche Beilage. Kombinieren Sie es immer mit Gemüse oder Salat und halten Sie sich an Vollkornbrot. Köstlich und dabei GLYX-niedrig: Roggensauerteigbrot. Während des Abnehmens nicht mehr als 40 bis 50 Gramm Vollkornbrot pro Mahlzeit, da Brot viele Kohlenhydrate liefert.
Wenn Sie Lust auf Weißbrot haben, genießen Sie es – zu Mozzarella mit Tomaten oder zu Salat: Ein kleines Scheibchen (30 g) bringt auch Ihren Insulinspiegel nicht aus der Ruhe. Sie wollen nicht abnehmen, sondern vor allem gesund leben? Dann essen Sie so viel Vollkornbrot, wie Sie wollen. Ihr Körper meldet, wenn er genug hat, dass er satt ist. Vorsicht aber bei Brot mit Butter und Marmelade oder Wurst: GLYX-hoch plus Fett garantiert, dass das Fett direkt auf den Hüften landet.

Die geliebte Kartoffel

Jeder Deutsche isst 75 Kilo Kartoffeln pro Jahr – und 40 Prozent davon nicht als biedere, hausbackene, sondern als Kartoffel im modernen, leblosen Kleid: In Form von Chips, Fritten, Püreepulver, Tiefkühl-Gratin, Kloßmehl, Reibekuchen. Wir essen etwa 200 g Kartoffeln pro Tag, davon 120 Gramm pur, was 86 Kalorien liefert. Die restlichen 80 Gramm schlagen gleich mit dem Fünffachen an Kalorien zu Buche: In Form von Chips sind das 428 Kalorien, die gleiche Menge Pommes frites enthält 288 Kalorien.
Dabei ist die Kartoffel pur ein gesundes Geschenk der Natur. Aber da sie viele Stärke-Kohlenhydrate liefert und einen hohen GLYX hat, sollten Figurbewusste sie besser nur als Beilage genießen. Nichts spricht gegen zwei Kartöffelchen zum Fisch, zum Gemüse oder zum feinen Stück Fleisch. Doch bei Kartoffeln mit Butter ist Vorsicht geboten: Schmeckt köstlich – leider auch den Fettzellen. Industriell (vor)verarbeitete Kartoffelprodukte jeder Art sollten Sie so selten wie möglich genießen. Sie liefern fast immer die fatale Kombination von GLYX-hoch plus Fett.

Die moderne Kohlenhydratmast

Im Schnitt brauchen wir täglich 2200 Kalorien. 55 Prozent davon sollen wir in Form von Kohlenhydraten aufnehmen, raten deutsche Ernährungsexperten, dann würden wir nicht dick. 55 Prozent? Das erreichen wir problemlos mit Zucker, Brot und Kartoffeln. 55 Prozent von 2200 Kalorien entsprichen 1210 Kohlenhydrat-Kalorien täglich: 400 Kalorien nehmen wir im Schnitt in Form von Zucker zu uns. 500 über Brot, 86 Kalorien über die unverarbeitete Kartoffel und weitere 290 bis 420 Kalorien über Kartoffelprodukte.
Wir folgen also brav dem Rat der Ernährungsexperten – und werden dabei dicker. Am Fett kann es auch nicht liegen, seit Beginn der »light«-Ära verbrauchen wir schließlich immer weniger. Derzeit nur noch 34 von ursprünglich einmal 40 Prozent. Irgendwas stimmt doch da nicht, oder? Richtig, was schief läuft ist auch bereits erkannt, aber ändern will das keiner.

Wie viele Kohlenhydrate braucht der Mensch?

Da reichen die Angaben der Diät-Experten von 55 bis null Prozent. Warum null? Kohlenhydrate, so das Argument der »Kohlenhydrate-kannst-du-ganz-weglassen-Befürworter«, benötigt der Körper nicht als Baustoff. Nur als Energie-Lieferant. Wir tragen sogar ein Pfund davon als Energie-Reserve mit uns herum, in Leber und Muskeln deponiert. Damit wir schnell vor dem Säbelzahntiger flüchten können – oder den Bus noch erwischen, oder einen Energietank für die Arbeit an den Kraftmaschinen im Fitnessstudio haben. Und damit dem Gehirn nicht der Zucker ausgeht. Denn es lebt ausschließlich davon, verbraucht jeden Tag etwas weniger als 100 Gramm Glukose. Wenn die aufgenommene Nahrung diese Menge nicht bereitstellen kann, schlägt der Körper andere Stoffwechselwege ein und produziert die Nahrung fürs Gehirn selbst.

Klar, auch die Muskeln verbrauchen Kohlenhydrate. Wenn Sie eine Stunde an der Kraftmaschine im Fitnessstudio rackern, verbrauchen Sie etwa 800 Kalorien – aus Ihrem körpereigenen Zuckertank. Diese können Sie nach dem Sport über rund 200 g Kohlenhydrate aus Kartoffeln, Brot, Nudeln oder Sportlerdrinks wieder auffüllen. Wenn Sie eine Stunde Ausdauertraining machen, wollen Sie vor allem Fett verbrennen. Tun Sie auch zum Großteil, deswegen gibt es auch keinen Grund, hinterher den Kohlenhydrat-Energie-Tank mit Sportlerdrinks und Pizzaparty wieder aufzufüllen.

Und wenn Sie gemütlich im Sessel sitzen? Dann verbrennen Sie ein wenig Fett, ihre Kohlenhydrat-Tanks werden nicht angerührt. Deswegen brauchen Kraftsportler und Leistungssportler Kohlenhydrate, Bürohengste, die nur ganz gemütlich Fett verbrennen, brauchen hingegen kaum welche.

Gar keine Kohlenhydrate?

Warum sollte man Kohlenhydrate meiden, wenn die Natur sie doch hervorbringt und sie in Verbindung mit Eiweiß fröhlich machen? Es gibt keinen rechten Grund, ganz auf sie zu verzichten. Darum tun Sie es auch nicht. Essen Sie die natürlichen Kohlenhydrate aus vollem Getreidekorn, Obst und Gemüse. Essen Sie die hundert Gramm und mehr fürs Gehirn, die Ihnen gut tun. Vergessen Sie alle Prozentzahlen – durch natürliche Kohlenhydrate wird Ihr Körper optimal versorgt.

➤ INFO

Noch mehr Kohlenhydrate

BIER. Das darf man nicht vergessen. Wir sind nicht nur Weltmeister darin, schnell mal ein Brot zu schmieren, sondern auch Vize-Weltmeister im Biertrinken mit unseren 127 Litern pro Kopf und Jahr. Macht 163 Kalorien pro Tag. Bier hat einen hohen GLYX und das schlägt sich über kurz oder lang als ausgeprägter Bierbauch nieder. Oft reicht es schon, wenn man statt Bier Weinschorle trinkt – und der Bauch schrumpft.

PASTA. Kocht man die gute italienische Pasta aus Hartweizengrieß al dente, ist ihr GLYX niedrig. Somit gar kein Problem für GLYX-bewusste Genießer. Auch die Vollkornnudel passt hervorragend in die GLYX-Küche. Nur wer abnehmen möchte, sollte sich pro Portion nicht mehr als 50 Gramm (Rohgewicht) gönnen.

AUSGEMAHLENES WEIZENMEHL. Findet man in fast jedem Nahrungsmittel aus dem Supermarktregal oder vom Imbiss: Im Hamburger-Brötchen, im Schlemmer-Baguette, im Toast, im Keks, in der Salzstange, in der Tütensuppe, in der Pizza, ja sogar in der Sojasauce. Denn es ist billig und lässt sich leicht verarbeiten. Achten Sie aufs Etikett! Bei wertvollen Lebensmitteln steht Weizenmehl ganz unten auf der Zutatenliste. Denn es hat wenig Nährwert und ist ein übler Dickmacher.

Wir leben in Lebensmittelwüsten

Als Lebensmittelwüsten bezeichnen Experten die Gegenden in den hochentwickelten europäischen Ländern, in denen ein drastischer Mangel an frischen Lebensmitteln herrscht. Wo der moderne Handel gar nicht mehr darauf eingestellt ist, frische Früchte, Salate und Gemüse in großen Mengen anzubieten. Weil die Nachfrage nicht besteht. Stellen Sie sich vor, ab morgen wollten alle Deutschen, Österreicher, Schweizer fünfmal am Tag frisches Obst und Gemüse essen. Das wäre mangels Angebot gar nicht möglich. Bislang sind es magere vier Prozent, die so viel Frische essen. Schlanke, gesunde, zufriedene Menschen.

König »Kunde«

Doch immer mehr Menschen entdecken den Feinschmecker in sich, finden Spaß am Kochen und lieben es, Gäste zu bewirten. Ihre Zahl in Deutschland ist in den letzten beiden Jahren um 2,1 Millionen auf 10 Millionen angewachsen. Darum findet man auch immer mehr gesunde Lebensmittel in den Regalen und Tiefkühltruhen im Supermarkt: Vorgeputztes Gemüse, Fisch ohne Gräten, Bärlauchpaste. Ja sogar Paella und Nudelgerichte ohne Zusatzstoffe, dafür mit Biogemüse.
Die Industrie reagiert schnell auf Kundenwünsche: Sobald der Konsument Lebensmittel haben will, produziert die Industrie auch Lebensmittel. Sie bäckt Brote aus vollem Korn, lässt die Vitamine im Gemüse und verzichtet auf Aromastoffe.
Und je stärker die Nachfrage nach diesen gesunden Convenience-Produkten, desto billiger werden sie auch. Also packen Sie öfter Gesundes in den Einkaufswagen und ersetzen Sie die Nahrungsmittel, die noch hineinwandern, nach und nach durch Lebensmittel.

Rückschritt = Fortschritt

Der französische Philosoph Jean Baudrillard hat einmal über den Fortschritt geschrieben, dass Rückschritte manchmal auch große Fortschritte sein können. Seine Argumente leuchten ein: Die Menschen erfanden das Auto um sich die Mühen des Reisens zu ersparen. Und sie verbesserten die Landwirtschaft, um die Hungersnot zu lindern. Beides hat sie bequem gemacht – und in Folge davon dick und krank. Also mussten sie die alten Nöte »wieder erfinden«, um die neuen Nöte der Überernährung und des Bewegungsmangels zu bekämpfen, so Baudrillard.

Trotzdem werden wir immer dicker

So sehr, dass die Weltgesundheitsorganisation WHO die Fettleibigkeit zur globalen Epidemie erklärt hat – wie einst Pest oder Typhus. Fragen Sie sich auch manchmal, woran das liegt? In Deutschland sind mittlerweile 67 Prozent der Männer und 52 Prozent der Frauen übergewichtig. Die Anzahl der übergewichtigen Kinder hat sich in den letzten 20 Jahren verdoppelt. Trotz rückläufiger Bevölkerungsentwicklung wird geschätzt, dass die Zahl der neuen jährlichen Herzinfarkte bis ins Jahr 2050 bei Männern um 64,4 Prozent, bei Frauen sogar um 75,3 Prozent steigen. Die Anzahl der Diabetes-Erkrankungen wird sich nach Schätzungen der WHO bis ins Jahr 2025 verdoppeln. Grund dafür ist der Fortschritt, der ein Rückschritt ist. Er hat uns in den letzten 100 Jahren ein Schlaraffenland der Bequemlichkeit und des Überflusses beschert. Machen Sie einfach einen Schritt zurück. Essen und trinken Sie wie vor 200 Jahren, von den Produkten der Natur. Wenigstens zu 70 Prozent. Der Körper ist extrem gutmütig und verzeiht ihnen die restlichen 30 Prozent Genussmittel aus den Schlemmertöpfen der Nahrungsmittelindustrie.

Warum die GLYX-Diät eine Glücksdiät ist

Weil man aufhören kann, sich selbst zu kasteien. Weil Essen nicht Angst, sondern Freude macht. Weil Schlankheit und Esslust auf einmal prima zusammenpassen anstatt sich auszuschließen.
GLYX-Diät heißt in erster Linie: Essen ohne zu hungern. Lebensmittel klug kombinieren.
GLYX-Diät heißt: Ja sagen zu leckerem Fisch, Fleisch, Joghurt, Käse, Quark. Denn wir brauchen Eiweiß als wichtigen Baustein zum Auf- und Umbau körpereigener Stoffe. Fehlt Eiweiß, beginnen die Muskeln sich selbst zu vernichten. Außerdem macht Eiweiß satt. Was nicht heißt, dass die GLYX-Diät eine übertriebene Protein-Diät ist.

Über GLYX-Rezepte freut sich der Gaumen und 70 Billionen Körperzellen – nur die Fettzellen rümpfen die Nase.

GLYX-Diät = das Richtige essen

GLYX-Diät heißt: Bye-bye sagen zur Low-Fat-Lüge. Fett braucht unser Körper nämlich auch. Allerdings das Richtige: Fit-Fette aus Oliven-, Lein- und Rapsöl, aus Nüssen pur und frischem Fisch. Die guten Omega-3-Fette, die schlank machen und vor Insulinresistenz und Diabetes schützen. Wer bei fetter Wurst und Braten spart, muss sich vor dem natürlichen Fettgehalt eines Joghurts nicht fürchten – dazu kommt, dass er so einfach viel besser schmeckt.
GLYX-Diät heißt: Ein bisschen mehr Zeit in sein Essen investieren. Nicht immer. Nur wenn man sie hat. »Zeitlose« finden viele Schnell-Koch-Anleitungen in den Rezepten ab Seite 34 und fühlen sich sicher wohl mit unserer Alles-nur-nicht-kochen-Küche, die Sie ab Seite 128 finden.
GLYX-Diät heißt: Genießen. Mit unseren Rezepten treten wir den Beweis an, dass man mit wenigen ausgewählten Zutaten zaubern kann, den Gaumen glücklich machen kann – und die 70 Billionen Körperzellen. Nur die Fettzellen rümpfen verärgert die Nase.

GLYX und die Praxis – die häufigsten GLYX-Fragen

Bei der GLYX-Diät dürfen Sie sich so richtig satt essen – an Lebensmitteln mit niedrigem GLYX. Darunter fallen: Gemüse und Obst (mit wenigen Ausnahmen), Milchprodukte, Roggen(Sauerteig)brot, Nudeln aus Hartweizengrieß. Auch Fleisch, Geflügel und Fisch haben einen niedrigen GLYX, weil sie kaum Kohlenhydrate enthalten.

Wie viel darf ich von Lebensmitteln mit hohem GLYX essen?

Ganz einfach: Eine winzige Portion. Die Praline statt der Tafel Schokolade. Ein Knäckebrot statt fünf. Hoher GLYX ist purer Stress für unsere Bauchspeicheldrüse – und Mastfutter für die Fettzellen. Weil diese Lebensmittel zu viel vom Dickhormon Insulin locken. Eine Übersicht dazu finden Sie in der Klappe hinten.

Darf man wirklich jedes Gemüse essen?

Gemüse können Sie essen so viel und so oft Sie wollen. Vergessen Sie nicht, die Super-Eiweißlieferanten Hülsenfrüchte auf Ihren Speiseplan zu setzen. Rote Bete, Kürbis und gekochte Möhren haben einen relativ hohen GLYX. Davon können Sie trotzdem genießen, eben nicht gleich ein Kilo. Ersetzen Sie den Zuckermais im Salat durch Bohnen. Das schmeckt auch und lockt weniger Insulin. Wichtig: Die Hälfte Ihres Gemüses sollten Sie roh genießen.

Welches Obst passt am besten in meinen Obstsalat?

Bei frischem Obst gilt: Reife Bananen, Wasser- und Honigmelone helfen nicht beim Abnehmen. Ananas, Kiwi, Mango und Papaya haben einen mittleren GLYX und sollten deshalb auch nicht zwischendurch gegessen werden. Aber sie gehören kombiniert mit anderen Früchten in den Obstsalat. Bedenkenlos schlemmen können Sie heimisches Obst der Saison: Äpfel, Birnen, Kirschen, Beeren etc.

Welches Brot soll ich wählen?

In Deutschland gibt es 300 Brotsorten. Einen guten GLYX haben: Roggensauerteigbrot, Vollkornschrotbrote (z. B. Grahambrot), Vollkorntoast, Pumpernickel, Gerstenvollkornbrot, Sojabrot mit Leinsamen. Mittel: Mischbrote aus Weizen- und Roggenmehl, Vollkornbrot (Vollkornmehl), Vollkornknäckebrot, Vollkornsemmeln, griechisches Pita-Brot. Schlecht: Brezel, Weißmehlbrötchen, Weißbrot, Baguette, Toastbrot, Roggenbrot. Wichtig: Vollkornbrot bitte mit ganzen Körnern oder Schrot– sonst lockt es ziemlich viel Insulin.

Wie sieht die ideale GLYX-Beilage aus?

Gute Beilagen sind: Langkornreis, Basmati, Parboiled Reis, Wildreis, Grünkern, Gerste und Bulgur. Pasta wird aus Hartweizengrieß hergestellt. Wenn Sie diese »al dente« kochen – und nur dann – bleibt der GLYX niedrig. Gleiches gilt für Vollkornnudeln. Da es sich aber bei allen Beilagen um Kohlenhydrate handelt, immer eine doppelt so große Portion Gemüse dazu essen. Kartoffel-Freunde müssen sich leider umstellen: Fast alle Kartoffelbeilagen haben einen hohen GLYX. Einzige Ausnahme: Pellkartoffeln. Davon dürfen Sie als Beilage ruhig zwei kleine genießen – mit einer großen Portion Gemüse.

Und was mache ich in der Kantine?

Halten Sie sich an das Salatbüfett. Dazu Geflügel, Fischfilet mit Zitrone beträufelt oder ein Filet von Kalb oder Rind. Sie können auch ein Ei reinschnipseln. Auch Pellkartoffeln mit Quark, ein Gemüseteller, Hüttenkäse oder Mozzarella mit Tomaten sind erlaubt. Trinken Sie einen Tomatensaft zum Essen. Schwere Soßen lieber meiden – Saucenbinder bestehen zu 100 Prozent aus Stärke plus Geschmacksverstärker. Und genau das ist nichts für die schlanke Linie.

Wozu braucht man Ballaststoffe?

Vollkornprodukte, Hülsenfrüchte, Gemüse, Obst liefern wertvolle Gesundstoffe: Wasserlösliche und -unlösliche Ballaststoffe. Wir können sie nicht verdauen, sie haben keine Kalorien, schützen aber vor Herzinfarkt und Krebs. Die unlöslichen Ballaststoffe Zellulose und Lignin bringen den Darm in Schwung, halten lange satt. Die löslichen Ballaststoffe (z. B. Pektin, Beta-Glukan) aus Früchten, Gemüse, Hafer und Hülsenfrüchten fangen Cholesterin im Darm und schleusen es aus dem Körper. So kann es nicht mehr die Adern verkleben. Das senkt das Arteriosklerose- und somit das Herzinfarktrisiko. Und: Ballaststoffe dimmen den GLYX runter. Ballaststoffe im Essen sorgen dafür, dass die Glukosemoleküle nur langsam ins Blut dringen, dadurch wenig Insulin locken. Darum halten Ballaststoffe schlank. Das funktioniert aber nur, wenn Sie viel dazu trinken.

Was kann ich trinken?

Fruchtsaftgetränke, Fruchtnektare, Softdrinks, Eistees, Sportlergetränke sind »nasse Kohlenhydrate« mit hohem GLYX. Die sollten Sie meiden. Light-Produkte mit Süßstoff kommen nicht aus der Quelle Natur – passen nicht ins GLYX-Glas. Trinken Sie Tee oder Kaffee, zwei bis drei Tassen mit der doppelten Portion Wasser dazu. Und alle Stunde ein Glas Wasser mit einer halben Zitrone drin. Gefiltertes Wasser aus dem Hahn, Mineralwasser – am besten ohne Kohlensäure. Gemüsesäfte haben einen niedrigen GLYX (außer Möhre und Rote Bete). Und bei Fruchtsäften können Sie den GLYX durch Mischen mit Buttermilch, Molke oder Wasser ganz schön runterdimmen.

Darf's ein Gläschen Wein sein?

Hochprozentiges passt nicht zum GLYX-Leben. Auch Bier lockt zu viel Insulin. Doch gegen ein bis zwei Gläschen trockenen Wein hat auch der Arzt nichts. Neue Studien zeigen: Wein mindert die Insulinresistenz, verhilft Ihren Zellen wieder stärker auf das Insulin zu hören. Die Bauchspeicheldrüse muss dann nicht mehr so viel produzieren.

Darf ich meinen Kaffee süßen?

Genießen Sie Ihren Kaffee ruhig mit einem Löffelchen Zucker. Verwenden Sie raffinierten weißen Zucker aber wie ein Gewürz, das man wie Gold aufwiegt. Oder süßen Sie mit Natur: Honig, Ahornsirup, Apfel oder Birnendicksaft heben zwar auch den Insulinspiegel, aber so lange man sie sparsam wie ein Gewürz verwendet, machen sie nicht dick. Auch Frutilose (Fruchtzucker aus dem Reformhaus) ist eine günstige, insulinfreundliche Alternative. Und Süßstoffe? Die belasten den Insulinspiegel nicht und helfen Kalorien zu reduzieren. Aber das ist ja nicht ihr Ansinnen – Nahrung ist mehr als eine Quelle von Kalorien. Außerdem regen sie den Appetit an.

Fatburner der Natur: Zitronenwasser

Warum kombiniert man Eiweiß und Kohlenhydrate?

Wenn Sie Früchte zum Joghurt, Fisch zur Kartoffel, Garnele und Tofu zur Nudel essen, dimmt das den GLYX runter. Und gemeinsam machen Eiweiß und Kohlenhydrate wach und gute Laune. Bevorzugen Sie mageres Eiweiß. Also Hühnerbrust ohne Haut, fettarme Käsesorten, Hülsenfrüchte.

Warum macht Eiweiß schlank?

Eiweiß ist ein Fatburner. Sie verbrennen Kalorien, während Sie Hüttenkäse, Hülsenfrüchte, Putenschnitzel essen. Dafür bedient sich Ihr Körper aus den Fettdepots. Essen Sie täglich mindestens ein Gramm Eiweiß pro Kilogramm Körpergewicht. Wenn Sie 60 Kilo wiegen also mindestens 60 Gramm. Erst wenn Sie sich daran halten, kann das Eiweiß seine Fatburner-Qualitäten entfalten. Zu wenig Eiweiß führt zu Muskelabbau und Jo-Jo-Effekt. 60 Gramm Eiweiß stecken beispielsweise in: 1 Glas Butter- oder Sojamilch plus 1 Portion Geflügel oder Fisch plus 1 Milchprodukt plus 1 Portion Hülsenfrüchte und 1 Stück Käse unter 30 Prozent Fett (i.Tr). Keine Angst vor zu viel Eiweiß. Das geht kaum. Die Niere kann sich anpassen. Aber unterstützen Sie sie bei ihrer täglichen Schwerstarbeit, indem Sie drei Liter Wasser trinken.

➤ TIPP

Warum Zitrone über Fisch oder Geflügel träufeln?

Vitamin C aus Zitrusfrüchten hilft, das Eiweiß zu verdauen. Sorgt dafür, dass die Aminosäuren dort ankommen, wo sie gebraucht werden: an der Körperzelle.

Fisch enthält doch auch Fett und Cholesterin, schadet das nicht?

Nein. Wenn Sie wollen, können Sie fünfmal pro Woche Fisch essen, denn er liefert das wertvollste, intelligenteste Eiweiß. Und Seefisch versorgt Sie mit wertvollen Omega-3-Fettsäuren – für das Gehirn, für gute Laune, für einen gesunden Körper. Absolutes Minimum sind zwei Portionen die Woche. Jeder Speisefisch und ebenso jedes Krustentier ist wertvoll für Sie – nur nicht paniert oder frittiert. Lieber gegrillt oder gedünstet, mit einer Sauce aus Zitronensaft und Olivenöl.

Kann ich meinen Eiweißbedarf auch nur aus Pflanzen decken?

Ja. Bauen Sie einfach Tofu in Ihren Speiseplan ein, außerdem Hülsenfrüchte, Soja, Nüsse, Getreide, Grüngemüse ... Bei Eiweiß denken wir meist an Fleisch oder Milchprodukte. Aber gerade Pflanzeneiweiß kann einen dicken Beitrag zur schlanken Linie leisten, weil es praktisch kein Fett liefert. Jeder sollte dreimal die Woche eine Portion Hülsenfrüchte essen – Vegetarier am besten täglich. Und täglich Nüsse oder Samen knabbern und Vollkornprodukten den Vorzug geben.

Ist Soja wirklich so wertvoll?

Ja. Sogar so wertvoll, dass Sie täglich ein Sojaprodukt in Ihren Speiseplan einbauen können: Joghurt, Tofu, Sojadrinks. Die tolle Bohne liefert Spitzenmengen Eiweiß, aber kaum Fett, viele Gesundstoffe, die Cholesterin senken und Krebs abwehren.

Machen Nüsse denn nicht dick?

Nüsse und Samen liefern gesunde Fettsäuren. Essen Sie 20 Gramm pro Tag. Streuen Sie sie übers Müsli oder backen Sie Kuchen mit mehr Nüssen und weniger Mehl. Ebenfalls super Fatburner: Sesamsamen, Sonnenblumenkerne, Leinsamen und Kürbiskerne. Gesalzene, geröstete Nüsse links liegen lassen.

Warum macht Fisch glücklich?

Lachs, Thunfisch, Dornhai (Schillerlocke), Makrele, Hering – sie liefern neben den Fatburnern Eiweiß und Jod auch den Glücksbringer DHA (Docosahexaen-Säure) und die aspirinähnliche EPA (Eicosapentaensäure). Diese Omega-3-Fettsäuren machen glücklich, schlank und bieten Schutz für empfindliche Nervenzellen. Am besten dreimal die Woche fetten Seefisch essen.

Warum sollte man GLYX-hoch nicht mit Fett kombinieren?

Wenn Sie den Braten mit Knödel essen, lockt der Knödel das Insulin – das Bratenfett verschwindet sofort auf der Hüfte. Wenn Sie den Braten mit Gemüse essen, passiert Ihnen das nicht. Wer abnehmen will, sollte die fatale Kombination Fett plus Zucker meiden. Zucker steht hier auch für Stärke. Nun wissen Sie, warum Chips so dick machen. Das macht auch dick: Schweinebraten mit Knödel, Nudeln mit Sahnesauce, Torte (süßer Teig mit fetter Füllung), Butterbrot mit Marmelade, Fruchteis mit Sahne, Pizza oder Pommes, Bier oder Brot mit Wurst ...

Welches Fett eignet sich wofür?

Als Standardöle zum Braten sollten Sie Olivenöl (Natives extra vergine) und Rapsöl verwenden. Da beide Öle viele einfach ungesättigte Fettsäuren liefern, kann man sie gut erhitzen. Nur: Rauchen sollte es nicht. Auch gut zur Abwechslung: Erdnussöl, Sesamöl, Walnussöl, High-Oleic-Sonnenblumenöl. Butter darf nicht zu heiß auch mal in die Pfanne.

Beim Brotaufstrich ist die Frage: Butter oder Margarine? Butter kommt aus dem Euter, Margarine aus der Fabrik. Wenn Margarine, dann eine qualitativ hochwertige. Das erkennen Sie am Preis. Und auf dem Etikett muss stehen »ohne gehärtete Fette«. Egal ob Butter oder Margarine: immer dünn aufstreichen.

➤ TIPP

Alternativen aufs Brot

Es muss nicht immer Butter oder Margarine sein. Die Fatburner-Alternative heißt Quark. Und unter Fisch, Schinken oder Tomaten träufeln Sie Olivenöl. Nicht den Kopf schütteln. Ausprobieren! Und: Versuchen Sie auch Avocado- oder Nussmus als Brotaufstrich. Lohnt sich!

Welches Öl soll in den Salat?

Von diesen Fit-Fetten können Sie genießen, so viel Sie wollen: Olivenöl (Natives extra vergine), Rapsöl, Nussöle. Und dazu täglich einen Teelöffel Leinöl. Das ist ein bisschen Geschmackssache – doch je höher die Qualität, umso weniger intensiv der Geschmack.

Und warum ist Weizenkeimöl doch nicht so gesund?

Distelöl, Weizenkeimöl, Maiskeimöl, Sojaöl, Sonnenblumenöl – kaltgepresst – versorgen uns mit Vitalstoffen: Vitaminen, Aromastoffen, Phytosterolen und Lezithin. Trotzdem liegt das Tageslimit bei einem Esslöffel, da sie zu viel Omega-6-Fettsäuren liefern, die den Eicosanoid-Haushalt, das sind die Gewebehormone, in Richtung krank verschieben.

Welche Fette sind nicht gut für mich?

Gesättigte und gehärtete Fette aus Fertigprodukten, Butter- und Schweineschmalz, Rindertalg und Palmöl schädigen Blutgefäße und lassen sich unschön auf der Hüfte nieder. Die herzschädigenden Transfette finden Sie auch in billiger Margarine, Fertigprodukten und Frittieröl. Vorsicht vor Arachidonsäure, daraus »bastelt« der Körper schlechte Eicosanoide (Gewebshormone), die krank machen. Arachidonsäure steckt in Schweinefleisch, Innereien und Geflügelhaut.

Welches Fleisch, welche Wurst passt in die GLYX-Küche?

In Fleisch steckt viel Eiweiß, aber auch viel Fett, vor allem in Wurst. Wählen Sie: Geräucherten Schinken ohne Fettrand, Bündner Fleisch, Geflügelwurst, Corned Beef, Roastbeef, Rinderfilet, Kalbsfilet Kalbsschnitzel, Lammfilet, Putenbrust, Hähnchenbrust ohne Haut. Und essen Sie ruhig ab und zu Wild.
Minimal genießen: Wiener Würstchen, Fleischwurst, Fleischkäse, Jagdwurst, Leberwurst, Bratwurst, Mettwurst, Münchner Weißwurst, Salami, Speck, Schweinefleisch, Rinderhack, Rinderhals, Ente, Gans, Suppenhuhn, Lammkeule, Lammkotelett.

Darf ich mein Wurstbrot nicht mehr essen?

Doch, natürlich. Wählen Sie eine gute Wurst vom Metzger Ihres Vertrauens. Dann freut sich Ihr Gaumen – und Ihr Körper sagt auch nicht »Nein, danke!« Und genießen Sie es. Schmieren Sie sich aber nicht immer dann, wenn Sie keine Zeit haben, eine Stulle. Denn das Brot lockt Insulin, die Butter und die Wurst wandern sofort auf die Hüfte. Bis zur nächsten Stulle. Brot ist etwas Köstliches. Aus vollem Korn. Als kleine Beilage. Zum großen Salat. Ab und an ein Scheibchen mit Tomaten, Oliven und Käse – oder wenn Sie mögen einer guten Wurst.

Sind drei Mahlzeiten besser als fünf?

Wer abnehmen will, sollte nicht öfter als dreimal am Tag etwas essen. Dann bleibt dem Körper genug insulinfreie Zeit, sein Fett abzubauen. Das gilt aber nicht für Hunger-Typen. Menschen, denen drei Mahlzeiten nicht reichen, sollten zwischendurch GLYX-niedrig snacken: Ein Joghurt ohne Zucker, einen Apfel, Gemüse. Wer das Abnehmen zusätzlich beschleunigen will, cancelt sein Dinner. Denn dann schickt der Körper seinen Super-Fatburner, das Wachstumshormon, nachts ins Rennen. Das funktioniert aber auch, wenn Sie über den Tag verteilt Eiweiß snacken und zusätzlich mit einem GLYX-niedrig-Abendessen zu Bett gehen.

Gehen beim Garen Vitalstoffe verloren?

Neue Studien zeigen: Brokkoli verliert in der Mikrowelle 85 Prozent seiner Gesundheit. Im Dampfkochtopf sind es 60 Prozent. Und nur sechs Prozent, wenn Sie ein bisschen Zeit reinstecken, ihn dünsten. Tütensuppe aus der Fabrik? Dann könnten Sie theoretisch auch Papiertaschentücher essen.

Muss man auf den Fettgehalt von Milch und Käse achten?

Jein. Milchprodukte können Sie auch mit vollem Fettgehalt essen (Vollmilch, 3,5 % Fett). Sahne- und Rahmprodukte aber nur in Kleinstportionen genießen. Und bevorzugen Sie fettarme Käsesorten (bis zu 45 % Fett i.Tr.): Camembert, Edamer, Romadur und Tilsiter gibt es als fettreduzierte Varianten. Auch gut: Feta, Schafskäse, Mozzarella. Wenig Fett liefern auch: Körniger Frischkäse, Harzer, Korbkäse, Mainzer Handkäse und Limburger. Von diesen fettreichen Sorten dürfen Sie stückchenweise genießen: Bavaria Blue, Cambozola, Edelpilzkäse, Brie, Camembert (60 % F.i.Tr.), Gruyere, Appenzeller, Bergkäse, Emmentaler. Dazu bitte nur Brot mit niedrigem GLYX wählen.

Die Kleine-Sünden-Tabelle

Es gibt einen kleinen Trick, Eis zu essen oder Kartoffelchips oder Cornflakes, ohne gleich viel Insulin zu locken. Das geht ganz einfach: indem man wenig davon isst. Dafür haben Forscher eine Formel entwickelt, die den Kohlenhydratgehalt pro Portion eines Lebensmittels mit dem GLYX verknüpft. Heraus kommt die sogenannte Glykämische Ladung, kurz GL. Sie fließt in diese kleine Sünden-Tabelle ein. GL zeigt, bis zu welcher Portion das Lebensmittel keine große GLYX-Falle mehr ist, sondern nur noch eine kleine. So dürfen Sie ruhig ab und zu ein Scheibchen Weißbrot genießen, oder ein Kügelchen Eis. Ein Beispiel: Eiskrem hat einen hohen GLYX (rot). Doch da eine Portion von 50 Gramm (etwa 1 Kugel) auch weniger Kohlenhydrate enthält, steht der GL auf grün. Es ist also nichts dagegen einzuwenden, von Zeit zu Zeit eine 50-Gramm-Portion Eiskrem zu genießen – allerdings ohne Waffel.
Vorsicht Falle gilt für die rechte Spalte der Tabelle. Wenn Sie nämlich mehr als 100 g Sushi oder mehr als 120 g Gnocchi oder mehr als 60 g Rosinen essen, dann springt der GL auf rot.

Lebensmittel mit hohem bis mittlerem GLYX	Portion bis zu	GLYX	GL
Ananas	120 g	gelb	grün
Aprikosen	120 g	gelb	grün
Baguette	30 g	rot	gelb
Banane, reif	120 g	rot	gelb
Cantaloupe-Melone	120 g	gelb	grün
Cornflakes	30 g	gelb	rot
Eiskrem	50 g	rot	grün
Hamburger-Brötchen	30 g	rot	gelb
Karotten, gekocht	80 g	rot	gelb
Kartoffelchips	50 g	rot	gelb
Kartoffelpüree	150 g	rot	gelb
Kürbis	80 g	rot	grün
Pitabrot	30 g	gelb	grün
Reiscräcker, weiß	25 g	rot	gelb
Knäckebrot	25 g	rot	gelb
Rote Bete	80 g	gelb	grün
Toastbrot, weiß	30 g	rot	gelb
Türkisches Fladenbrot	30 g	rot	gelb
Wassermelone	120 g	rot	grün
Weintrauben	120 g	gelb	grün
Weizenbrot, weiß	30 g	rot	gelb
Weizenvollkornbrot	30 g	gelb	grün

Lebensmittel mit mittlerem bis niedrigem GLYX	Portion bis zu	GLYX	GL
Brauner Reis, gegart	150 g	grün	gelb
Bulgur, gegart	150 g	grün	gelb
Couscous	150 g	gelb	rot
Fettuccine, gegart	180 g	grün	gelb
Gnocchi, gegart	180 g	gelb	rot
Makkaroni, gegart	180 g	grün	rot
Glasnudeln aus Mungobohnen, gegart	180 g	grün	gelb
Parboiled-Reis, gegart	150 g	grün	gelb
Rosinen	60 g	gelb	rot
Spaghetti, weich gekocht	180 g	gelb	rot
Sushi (in Seealge m. Essig und Reis)	100 g	gelb	rot
Sushi (Lachs)	100 g	grün	gelb
Weißer Reis (Langkorn), gegart	150 g	gelb	rot
Zuckermais	150 g	gelb	rot

Ideal: Der GLYX-Vorrat für alle Fälle

Hülsenfrüchte helfen mit ihrem Eiweiß dem Körper beim Fett-Verbrennen. Passen hervorragend in den GLYX-Vorrat.

Für einen glücklichen Start ins leichte Leben sollten Sie beim Einkauf Ausschau nach diesen Lebensmitteln halten ...

Obst und Gemüse

Jedes Obst und Gemüse ist gesund, liefert eine Unmenge wertvolle Inhaltsstoffe und hat selbst kaum Kalorien. Kaufen Sie, wenn möglich, zwei- bis dreimal die Woche frisch ein. Und keine Angst vor der Tiefkühlfee: Tiefgefrorenes enthält mehr Vitalstoffe als sechs Tage alte Ware »frisch vom Beet«!

♦ **Äpfel:** Füllen Sie Ihren Obstkorb mit den Appetitzüglern aus der Natur. Essen Sie ruhig drei am Tag. Ihr Pektin hält lange satt und bindet unerwünschte Fette. Gehören auch getrocknet in die GLYX-Küche.

♦ **Artischocken** aus der Dose: Wirken harntreibend und kurbeln die Verdauung an. Ihr Inulin senkt den Blutzuckerspiegel. Mit Olivenöl und Aceto Balsamico ein Gedicht.

♦ **Avocado:** Die gesunden Fettsäuren sind echte Cholesterinkiller und wandern nicht auf die Hüften. Ein superschneller Imbiss.

♦ **Beeren** aus der Tiefkühltruhe: Über Nacht auftauen, morgens mixen. Die natürlichen Schlankpillen helfen beim Abnehmen, stärken das Bindegewebe, glätten Cellulite.

♦ **Birnen:** Gehören in jeden Obstkorb. Darin steckt Insulin-unabhängiger Fruchtzucker: GLYX 38. Idealer Snack für Süßmäuler.

♦ **Chilis:** Scharf machendes Capsaicin lockt die Glücksstoffe, senkt den Blutzuckerspiegel und kurbelt dabei noch Verdauungshormone und Durchblutung an.

♦ **Fenchel:** Einfach in den Salat schnipseln. Die Ballaststoffe binden Fett schon im Darm und geben Fettpölsterchen keine Chance.

♦ **Gemüsesäfte:** Prassen mit Vitalstoffen, geizen mit Kalorien. Karotten- und Rote-Bete-Saft mit Sauerkraut- oder Tomatensaft mischen – dann sinkt der GLYX.

♦ **Gemüsefond:** gesunde Grundlage für Suppen und Saucen. Selbst gemacht ist immer besser – wenn's schnell gehen soll: Die Bio-Instant-Variante.

♦ **Hülsenfrüchte:** Enthalten jede Menge Ballaststoffe und pflanzliches Eiweiß. Auch ihr Schatz an Mineralien und Vitaminen trägt zur Fettschmelze bei. Linsen, Bohnen und Erbsen getrocknet, aus dem Glas oder aus der Tiefkühltruhe parat halten.

♦ **Kohl:** langlebiger Lagerkünstler. Alle Sorten sind voller Vitamine und Mineralien. Seine Super-Portion an Vitamin C entpolstert die Hüften besonders gut.

♦ **Kräuter von der Fensterbank:** Ihre magische Wirkung entfalten Kräuter am besten frisch geerntet. Erst kurz vor dem Servieren zugeben, denn Hitze zerstört die Biostoffe. **Basilikum** stärkt den Magen. **Bohnenkraut** reinigt die Haut. **Estragon** entwässert. **Kerbel** weckt Frühjahrsmüde auf. **Majoran** und **Oregano** stärken die Nerven. **Petersilie** aktiviert den Stoffwechsel. **Koriander** regt die Enzymproduktion an. **Salbei** fördert die Fettverdauung. **Schnittlauch** desinfiziert von innen. **Thymian** löst Krämpfe.

♦ **Obstsäfte:** Säfte aus dem Supermarkt sollten »ungesüßt« sein, oder »ohne Zuckerzusatz«. Wer abnehmen will, trinkt Saftschorle in einem Verhältnis von zwei Drittel Wasser zu einem Drittel Saft.

♦ **Oliven:** Liefern wertvolle Fettsäuren. Grüne Oliven sind kalorienärmer als schwarze.

♦ **Pilze:** Getrocknet oder aus der Tiefkühltruhe bringt das »Männlein aus dem Walde« Gesundheit in die GLYX-Küche und liefert hochwertiges Eiweiß. Der Shiitake-Pilz wird in der fernöstlichen Medizin sogar als Heilmittel geschätzt.

♦ **Sanddorn-Vollfrucht:** Ungesüßtes Sanddornmark hat zwar einen höheren Vitamin-C-Gehalt als das gesüßte Produkt. Einmal angebrochen, hält sich das ungesüßte Mark aber selbst im Kühlschrank nur kurze Zeit und fängt nach etwa einer Woche an zu gären. Also entweder schnell aufbrauchen oder zur gesüßten Variante greifen.

♦ **Zitrusfrüchte:** Ihre Flavonoide steigern die Wirkung von Vitamin C um ein Vielfaches. Beträufeln sie Fleisch oder Fisch mit Zitrone – der Körper nimmt das Eiweiß besser auf.

♦ **Zwiebel & Knoblauch:** Dürfen wegen ihrer gesunden sekundären Pflanzenstoffen in der GLYX-Küche nie fehlen.

Milch- & Sojaprodukte

♦ **Buttermilch:** Fettarm, eiweißreich, viel Kalzium, Kalium, Magnesium und Zink – das gibt Ihren Muskeln Power.

♦ **Frischkäse mit Joghurt:** Fettarme Alternative (13–16 % Fett) zum Doppelrahm Frischkäse. Weicher in der Konsistenz.

♦ **Joghurt:** Seine lebenden Milchsäure-Bakterien schaffen ein gutes Klima im Dickdarm und geben Pilzen und krankmachenden Bakterien keine Chance. Wählen Sie Natur und schnipseln Sie frische Früchte rein. Und: Probieren Sie mal Soja-Joghurt.

♦ **Käse:** viel Kalzium und der Muskelbaustoff Eiweiß. Wählen Sie in der Abnehmphase vor allem fettarmen Käse mit höchstens 45 Prozent Fett: Feta, Schafkäse und Mozzarella oder die fettreduzierten Varianten von Camembert, Edamer und Tilsiter.

♦ **Kefir:** Das Getränk der Hundertjährigen aus dem Kaukasus erfrischt und regt dabei noch die Verdauung an.

♦ **Molke:** Taucht als Zusatz in vielen Produkten auf. Trinkmole hilft nur ungesüßt beim Entschlacken.

♦ **Quarkcreme:** cremige Quarkzubereitung aus Speisequark und Joghurt aus entrahmter Milch. Hat nur 0,2 Prozent Fett und ist sehr eiweiß- und kalziumreich. Nicht mit zu viel Flüssigkeit oder feuchtem Obst verrühren, da er sonst leicht zu flüssig wird. Als Brotaufstrich unter Marmelade oder für Dips.

♦ **Sojadrink:** 100 Prozent pflanzlich, ohne Cholesterin und Laktose. Wird häufig auch Sojamilch genannt, was juristisch nicht korrekt ist. Wird in der Küche ähnlich wie Milch verwendet. Super zum Mixen von fruchtigen Drinks, da sehr milder, runder Geschmack. Aber auch gut geeignet zum Kochen, Backen, für Grieß- und Milchreis, Desserts. Gibt es in verschiedenen Geschmacksrichtungen: Vanille, Schokolade, Banane. Diese bitte sparsam verwenden, da sie gesüßt sind.

♦ **Tofu:** Wird aus Sojabohnen hergestellt. Reich an Eiweiß und Pflanzenstoffen, aber kaum Fett. Der weiche, cremigere Seidentofu eignet sich gut für Desserts. Lässt Fettpolster verschwinden.

Tierisch gute Eiweißlieferanten

Eiweiß ist ein Fatburner. Warum? Wenn Sie ein Stück Fisch oder Geflügel essen, muss Ihr Körper Energie zuschießen, um dieses Nahrungseiweiß in Körpereiweiß umzuwandeln. Die dafür nötige Energie holt er sich idealerweise aus Ihren Fettdepots.

♦ **Fisch:** Nichts geht über frischen Fisch, aber er kann auch in der Tiefkühltruhe schwimmen. Jeder Speisefisch ist wertvoll für Sie – probieren Sie Filets von Kabeljau, Rotbarsch, Scholle, Seelachs. Außerdem Sardinen, Garnelen, Hummer, Frutti di Mare oder Tintenfisch (ohne Panade). Auch gut: geräucherter Fisch wie Forelle, Lachs, Makrele, Schillerlocken, Hering, Hecht. Der Thunfisch mit fast 24 Gramm Eiweiß pro 100 Gramm zählt zu den eiweißreichsten Fischen. Beim Kauf auf das Siegel »delfin-freundlich« achten. Oder ab und an ein Rollmops aus dem Glas.

Auf Seite 118 backen Sie Ihr GLYX-Brot.

♦ **Fleisch und Geflügel:** Einmal die Woche dürfen Sie ruhig mal »rot« genießen. Wählen Sie mageres Kalb oder fettarme Filetstücke. Innereien und fettes rotes Fleisch enthalten Arachidonsäure – den Baustein für schlechte Eicos. Diese machen krank und dick, veranlassen harmlose Bindegewebszellen, sich in Fettspeicherzellen zu verwandeln. Das Fleisch von Hühnern und Co. sowie von Wildgeflügel ist besonders fettarm.

♦ **Muschel- & Krustentiere:** Hier gilt: Essen und schlank werden. Frisch oder tiefgekühlt liefern sie durch die Bank den Wunderheiler Zink, viel Eiweiß aber nur wenig Fett.

♦ **Wild:** Ist in der GLYX-Küche eine willkommene Abwechslung. Es liefert viel Eiweiß bei geringem Fettgehalt.

Brot, Getreide, Nudeln & Co.

Genießen Sie diese Kohlenhydratlieferanten immer mit einer doppelten Portion Gemüse. Dann bleibt der GLYX niedrig, Ihre Figur in Form und Ihr Körper freut sich über die vielen Ballaststoffe und wertvollen Mineralien. Wichtig: Bei Flocken immer darauf achten, dass kein Zucker drin ist.

♦ **Amaranth:** Alle lebenswichtigen Eiweißbausteine und viel Kalzium – hilft beim Muskelaufbau und Abnehmen.

♦ **Brot:** Ob Knäcke, Toast oder Schnittbrot – wählen Sie solches aus Vollkorn oder Vollkornschrot. Am besten Roggensauerteig-Vollkornbrot.

♦ **Bulgur:** Wird aus Weizen hergestellt. Enthält mehr Vitamine und Mineralstoffe als geschälter Weizen, aber weniger als Weizenvollkorn. Passt zu Süßem und Herzhaftem.

♦ **Couscous:** gesundes Fastfood für die GLYX-Küche. Mit heißer Brühe oder Wasser im Verhältnis 1:1 übergießen und 5–10 Minuten quellen lassen. Schmeckt als Beilage zu Hauptspeisen, in Salaten aber auch als süße Nachspeise.

♦ **Dinkel:** Seine Ballaststoffe blockieren das Fettspeicherhormon Insulin. Ideale Schlankbeilage mit viel Eiweiß.

♦ **Gerste:** Ihr Tocotrienol ist Anti-Aging für die Blutgefäße. Der Fatburner Chrom befreit Fett aus den Depots.

♦ **Haferflocken:** Sie enthalten mehr Schlank-Fettsäuren als andere Getreidesorten.

♦ **Haferkleie:** Ihr hoher Anteil an wasserlöslichen Ballaststoffen senkt den Cholesterinspiegel. Haferkleie schmeckt pur, in Müslis, Füllungen und Gebäck.

♦ **Hefeflocken:** Egal ob als Flocken, Extrakt oder Aufstrich: Ihre B-Vitamine machen geistig fit, Vitamin E schützt die Zellen.

♦ **Leinsamen:** Gibt es klein-, mittel- oder grobkörnig, braun oder goldgelb. Leinsamen sollte man am besten geschrotet (= fein aufgebrochen) verwenden. Dann quillt er im Darm schön gleichmäßig auf und bringt ihn auf Trab. Leinsamen halten das schlechte Cholesterin in Schach und schützen mit dem Ballaststoff Lignan vor Krebs.

♦ **Quinoa:** Geschenk der Inkas. Das Schlankgetreide liefert hochwertiges Eiweiß und alles, was der Körper braucht.

♦ **Pasta:** »Al dente« aus Hartweizengrieß und aus Vollkorn passt auch sie in die GLYX-Küche. Essen Sie immer die doppelte Portion Gemüse dazu, das senkt den GLYX.

♦ **Reis:** Für die GLYX-Küche am besten Naturreis oder braunen Reis: Liefert B-Vitamine, Magnesium und Eiweiß. Neu im Handel ist Parboiled-Natur-Reis, ein veredelter Vollkorn-Reis. Hitverdächtig, da in 10 Minuten fertig – z. B. als Beilage zur Gemüse-Wok-Pfanne. Auch wunderbar: Wildreis.

♦ **Sesam:** viel Eiweiß, Eisen und Zink. Die gesunde Ölsäure wirkt blutzuckersenkend. Reichlich davon auf Salate und in Müslis.

♦ **Weizenkeime:** Sie liefern neben Vitamin E noch B-Vitamine und Folsäure. Ihr Mangan powert das Immunsystem.

♦ **Weizenkleie:** Magnesium, Zink, Kupfer, Kalium, Eisen und Niacin macht sie zum »Must-have«.

Würzen, Binden und Verfeinern

Diese Wundermittel geben Ihren GLYX-Gerichten den letzten Schliff. Ohne schädliche Konservierungsmittel und künstliche Aromen – dafür mit wertvollen Inhaltsstoffen.

♦ **Agar-Agar:** rein pflanzliches Geliermittel aus Meeresalgen. Regt die Verdauung an und senkt zu hohes Cholesterin. Kann in allen Rezepten anstelle von Gelatine zum Andicken und Festigen verwendet werden. Auch für zuckerarme Gelees, Cremes, Sülzen und Konfitüren: Dafür 1 TL Agar-Agar mit 1/4 l Flüssigkeit verrühren und zwei Minuten unter Rühren kochen lassen.

♦ **Apfelpektin:** Festigt hervorragend Konfitüren und Marmeladen, eignet sich aber auch für Desserts und Gelees. 15 g Pektin für 1 kg Früchte verwenden. Pektin mit etwas Fruchtzucker gut vermischen, langsam in die heiße Fruchtmasse einrühren, aufkochen und noch etwa 1 Minute gut kochen lassen.

♦ **Bourbon-Vanille:** In der Duftlampe oder als Gewürz lockt sie die Liebe. Gibt es gemahlen oder im Gläschen (im Reformhaus). Eine Messerspitze reicht zum Würzen.

♦ **Brotgewürz:** eine fertige Mischung aus verschiedenen Gewürzzutaten wie Koriander, Fenchel, Kümmel. Bereits geschrotet und daher direkt verwendbar.

♦ **Crème légère:** Die 15-Prozent-Fett-Alternative zur üppigen Crème fraîche. Auf Sauerrahmbasis, flockt beim Mitkochen nicht aus. Verfeinert Pastasaucen, Suppen und Salate.
♦ **Johannisbrotkernmehl/Biobin:** Gibt's im Reformhaus und gut sortierten Supermärkten. Bindet Suppen und Saucen. Kann auch kalt verwendet werden, z. B. um Sahne zu »steifen«. Geliert leicht nach 10 Minuten.
♦ **Meerrettich:** Schützt mit Senföl vor Herzinfarkt und regt zudem die Produktion von Magensäure an.
♦ **Nussmus:** tolle Alternative zu Butter mit vielen Gesund-Fetten. Besteht zu 100 Prozent aus Nüssen. Sehr ergiebig und vielseitig: Als Brotaufstrich, Saucengrundlage, fürs Müsli, Desserts, Drinks. Gibt's in Reformhaus, Bioladen und gut sortierten Supermärkten.
♦ **Salz:** am besten Kristallsalz. Im Bioladen beraten lassen. Über 80 Mineralien bringen den Stoffwechsel auf Hochtouren.
♦ **Senf:** Seine Wirkstoffe neutralisieren krebserregende Benzpyrene, wie sie beim Grillen von Fleisch entstehen. Wer abnehmen will, verwendet »scharf« oder »mittelscharf«. Aber auch ein Klacks »süß« schadet nicht.
♦ **Sojamehl:** Wird vollfett und entfettet angeboten. Ähnlich wie Mehl verwendet, zum Backen und Binden von Saucen. Faustregel: 1 EL Sojamehl kann 1 Ei ersetzen.
♦ **Sojacreme:** pflanzliche Alternative zu saurer Sahne, Crème fraîche oder Quark. Im Reformhaus und gut sortierten Supermärkten erhältlich. Die »Fertigsauce« aus der Packung ist für Desserts und Gebäck geeignet, für Salatsaucen, zum Legieren von Suppen und Saucen, zum Überbacken und Gratinieren.
♦ **Vega légere:** Frische Creme auf Pflanzenfettbasis zum Verfeinern von Salaten, Aufläufen, Pastarezepten, Saucen und Suppen. Hat nur 15 Prozent Fett und kann mitgekocht werden, ohne dass sie gerinnt oder ausflockt. Leicht säuerlicher Geschmack – ähnelt ein wenig saurer Sahne.
♦ **Weinstein-Backpulver:** Wie »normales« Backpulver als Backtriebmittel geeignet. Enthält aber keine Phosphate.
♦ **Zimt:** Heizt dem Stoffwechsel ein, vertreibt Lust auf Süßes und mindert Insulinresistenz.

Die richtigen Öle

Sie brauchen Fett um Fett zu verlieren. Es ist ein (über)lebenswichtiger Baustoff für Zellwände und Nerven. Ohne Fett könnten wir keine Hormone bilden und keine Gallensalze, die unerlässlich sind für eine gute Verdauung. Wählen Sie Fit-Fette aus Pflanzenölen mit vielen ungesättigten Fettsäuren. Das Fett in Wurst, Käse, Schmalz und billiger Margarine ist Moppel-Fett. Finger weg, denn sie enthalten viele gesättigte Fettsäuren, die direkt auf die Hüfte wandern. Schauen Sie mal in Ihre Küchenschränke: Zeit für einen Ölwechsel?
♦ **Leinöl:** 58 Prozent gesunde alpha-Linolensäure machen das Öl zum Superstar. 1 TL täglich wirkt wie Schlankmedizin. Schmeckt leicht bitter. Für Salate, Gemüse und zum Abrunden von Quark.
♦ **Olivenöl:** Kalt gepresst aus der ersten Pressung gehört es in die GLYX-Küche. Wertvolle Fettsäuren senken das schlechte Cholesterin und schützen das Herz.
♦ **Rapsöl:** Die gesunde Schwester vom Olivenöl. Passt gut in die GLYX-Küche.
♦ **Gourmet-Öle:** Erdnuss-, Walnuss-, Sesam-, Mandel- und Kürbiskern-Öl bringen gesunde Abwechslung auf den Teller. Tipp: Es gibt oft kleine Probierfläschchen.

Die süße Leichtigkeit des Seins

Bringen Sie natürliche Süße in die GLYX-Küche und in Ihr Leben. Diese Süßmacher heben zwar auch den Insulinspiegel an, machen sparsam verwendet aber nicht dick.
♦ **Ahornsirup:** Der Saft des Ahornbaums versüßt teelöffelweise das Diät-Leben mit dem

Aroma wilder Natur. Heller Sirup schmeckt aromatischer und milder als dunkler. Ahornsirup Grad A ist sensorisch am hochwertigsten. Karamellartiger Geschmack, ideal zum Süßen von Müslis und süßen Speisen. Wichtig: Angebrochene Flasche immer kühl und verschlossen lagern.

♦ **Brauner Rohrzucker:** roher, also unraffinierter Zucker aus Zuckerrohr. Grobkörniges Granulat. Würziger Geschmack, gut zum Würzen von süßen und pikanten Gerichten, für Getränke, Desserts und Gebäck.

♦ **Apfeldicksaft:** Wird aus eingedicktem Bio-Apfelsaft hergestellt und enthält nur fruchteigene Zuckerarten. Natürliches Süßungsmittel zum Kochen und Backen, für Getränke, Quarkspeisen, Müslis, Desserts. Mit einem leicht säuerlichen Aroma, süßt weniger intensiv als weißer Zucker.

♦ **Birnendicksaft:** Wird aus reifen Birnen wie Apfeldicksaft hergestellt. Ist jedoch milder und süßer als Apfeldicksaft.

♦ **Fruchtzucker:** Kommt in Obst, Gemüse und Honig vor. Süßt etwa 20 Prozent stärker als weißer Zucker. Seine Süßkraft hängt von der Temperatur ab – je kälter, desto süßer. Geschmack und Aroma von Früchten werden durch die Zugabe von Fruchtzucker noch intensiver. Fruchtzucker trickst das Insulin aus. Allerdings sollten Sie auch Fruchtzucker nur in Maßen genießen.

♦ **Frutilose:** Flüssige Obstsüße aus dem Reformhaus, die aus reifem Kernobst gewonnen wird. Schmeckt milder und weniger säuerlich als Dicksaft. Vorzüglich zum Süßen von Desserts, Quark- und Joghurtspeisen. Ebenfalls nur teelöffelweise dosieren.

♦ **Honig:** Peppt die Speisen mit Mineralien, Vitaminen und keimtötenden Substanzen auf. Vorsicht: Beim Erhitzen werden die wertvollen Gesundstoffe zerstört.

♦ **Melasse:** zuckersüß und nicht verboten. Ihre wertvollen Mineralien und Spurenelemente entgiften den Körper.

♦ **Rosinen:** Ihr Fruchtzucker süßt Müslis oder Quarkspeisen. Aber nicht zu viel verwenden, ihr GLYX ist hoch.

Knabbern – und Entspannen

Der spannende Fernsehkrimi zehrt an Ihren Nerven und Sie müssen sich einfach ablenken? Lassen Sie die Kartoffelchips-Tüte, die Schachtel Praline und die Dose Bier weg. Greifen Sie lieber zu diesen Knabbereien – dann bleiben Sie auch am nächsten Morgen auf der Waage gelassen.

♦ **Bitterschokolade:** Mit mindestens 70 Prozent Kakaoanteil dürfen Sie damit ruhig mal die Lust auf Süßes stillen. Ihr intensiver, zartbitterer Geschmack passt auch sehr gut in die GLYX-Küche.

♦ **Nüsse:** Die kleinen Schätze der Natur protzen mit Mineralstoffen und Vitaminen. Ihre wertvollen Ölsäuren legen sich nicht um die Hüften. Greifen Sie zu ungesalzenen Nüssen. 20 Gramm täglich schützen das Herz und schaden der Linie nicht. Frische Erdnüsse bestehen zu mehr als 50 Prozent aus wertvoller Ölsäure. Das Mangan in der Haselnuss steuert den Energiehaushalt des Körpers. Sonnenblumenkerne blockieren die Cholesterinaufnahme schon im Darm. Das Spurenelement Kupfer in der Cashewnuss sorgt für einen perfekten Sauerstofftransport im Blut – das macht fit und fröhlich.

♦ **Mungobohnenchips:** Finden Sie im Bioladen und gut sortierten Supermarkt. Sie bestehen zu 100 Prozent aus Mungobohnen, verfeinert mit etwas Meersalz. Knabberspaß pur oder mit leckerem Dip.

♦ **Trockenfrüchte:** gesunde Alternative für Süßschnäbel. GLYX-niedrig – Ausnahmen sind Dattel, Feige und Rosine.

♦ **Wein:** egal ob weiß oder rot. Hauptsache, er ist trocken. Ein Gläschen am Abend darf's ruhig sein. Wein mindert die Insulinresistenz. Auch gut: Sekt und Champagner. Extra dry.

Das GLYX-Baukastensystem

Auf den folgenden Seiten findet jeder etwas. Das rote Pesto für den Vorratsschrank. Das türkische Frühstück für Menschen, die den Tag lieber herzhaft beginnen. Die Radieschen-Scholle, die auch ein Strohwitwer perfekt hinkriegt. Die Ratatouille, die Vegetariern und Kindern schmeckt. Die Kalbsröllchen mit grünen Bohnen, die man gerne Freunden serviert. Die Puten-Wraps mit Spinat, die man gut ins Büro mitnehmen kann. Die Feigen mit Zabaione, die auf süße Weise ein Menü abrunden. Alles garantiert lecker – und GLYX-niedrig. Wählen Sie aus dem Baukastensystem, worauf Sie Lust haben. Drei Mahlzeiten am Tag. Eine kleine, die auch bürotauglich ist. Ein Frühstück, ein schönes Essen, zu dem Sie auch Freunde einladen können – natürlich nicht ohne Dessert. Und wer Hunger hat, wählt noch einen Snack. Wer keine Zeit hat, bedient sich aus dem Alles-nur-nicht-Kochen-Kapitel.

GLYX-Wickel: Thailändisches Gemüseallerlei im Bananenblatt.

Gut zu wissen

- Wählen Sie täglich drei Mahlzeiten aus: Frühstück, kleines Gericht, Hauptmahlzeit. Reichen Ihnen drei Mahlzeiten nicht, dann wählen Sie zusätzlich einen Snack.
- Wechseln Sie ab zwischen Vegetarisch, mit Fisch, Fleisch, Geflügel oder Wild.
- Achten Sie auf Ihre Eiweißformel: Täglich mindestens 1 – besser 1,5 – Gramm pro Kilogramm Körpergewicht. Liefern die Rezepte nicht ausreichend, dann erhöhen Sie die Fisch-, Geflügel-Portion – oder füllen Sie Ihre Eiweißtanks mit den Vorschlägen von Seite 31.
- Zeitlose können sich aus den Ideen der Alles-nur-nicht-Kochen-Küche bedienen.
- Unsere Vorrats-Rezepte ab Seite 116 erleichtern Ihnen das GLYX-Leben. In Ruhe Brot backen, Müsli mixen, Pastasauce vorbereiten – und einfach schnell hervorholen, wenn Sie keine Zeit zum Kochen haben.
- Trinken Sie täglich ein großes Glas Gemüsesaft – am besten mit einem Teelöffel Leinöl, oder frisch gepressten Obstsaft (Abnehmer mixen ihn mit Buttermilch oder Wasser).
- Trinken Sie jede Stunde ein Glas Wasser mit Zitrone. Wenn Sie wollen, dürfen Sie abends ein Glas trockenen Wein genießen.
- Essen Sie einmal am Tag eine große Schüssel GLYX-Salat mit GLYX-Salatsauce (Anregungen ab Seite 100).
- Das GLYX-Menü: Sie möchten GLYX-niedrig so richtig schlemmen – zu zweit oder mit Freunden? Dann servieren Sie als Vorspeise eine Suppe (ab Seite 50) oder Snacks (ab Seite 44) oder ein kleines Gericht (ab Seite 90). Dann ein Hauptgericht. Und danach natürlich ein Dessert (ab Seite 108).
- Auch Kinder mögen's gern GLYX-niedrig – probieren Sie's aus.
- Wenn Sie für Freunde kochen, dann verdoppeln (oder vervierfachen) Sie einfach die Zutaten – falls das Rezept nicht schon für mehrere Personen ausgelegt ist.

Eiweissquellen

Wer abnimmt, sollte unbedingt auf seinen täglichen Eiweißbedarf achten. Sie brauchen mindestens 1 bis 1,5 Gramm Eiweiß pro Kilogramm Körpergewicht. Hier finden Sie Lebensmittel, mit denen Sie Ihren täglichen Eiweißbedarf selbstständig auffüllen können.

➤ 20 Gramm Eiweiss stecken in …

Fleisch, Geflügel, Wurst
65 g Schinken (ohne Fettrand)
80 g Hühnerbrust (ohne Haut)
80 g Putenbrust
80 g mageres Lammfleisch
90 g Rinderlende
90 g Rehrücken
90 g Schweinefilet
95 g Kaninchen
100 g Kalbsfilet
100 g Rinderfilet
123 g magere Geflügelwurst

Fisch
70 g geräucherter Lachs
100 g Heilbutt
100 g Sardine
100 g Thunfisch
110 g Garnelen
110 g Makrele
120 g Scholle
120 g Kabeljau
120 g Langusten
120 g Seezunge
120 g Steinbutt
120 g Matjesfilet
125 g Hummer
130 g Lachs
200 g Austern

Sonstiges
30 g Algen
60 g Sojabohnen
3 Hühnereiern
2 Esslöffel Eiweißkonzentrat (aus der Apotheke, ohne Kohlenhydrate!)

➤ 10 Gramm Eiweiss stecken in …

Milchprodukte
250 ml Kefir (1,5 %)
250 ml Dickmilch (1,5 %)
300 ml fettarme Milch (1,5 %)
300 ml Buttermilch
300 g Joghurt
25 g Parmesan
37 g Romadur (20 % Fett i. Tr.)
38 g Schnittkäse (30 % Fett i. Tr.)
50 g Mozzarella
60 g Feta (40 % Fett i. Tr.)
75 g magerer Quark
75 g Frischkäse (20 % Fett i. Tr.)

Nüsse und Samen
35 g Erdnüssen
35 g Leinsamen
40 g Sonnenblumenkernen
50 g Mandeln
50 g Pistazienkernen
50 g Sesamsamen
60 g Cashewnüsse

Hülsenfrüchte, Gemüse, Obst
50 g getrockneten Bohnen
50 g getrockneten Linsen
125 g Tofu
175 g Erbsen
200 g Rosen- oder Grünkohl
(nur zum Vergleich: 500 g Kartoffeln)

Getreide
(liefert leider auch Kohlenhydrate, deshalb bitte nur in Maßen genießen)
60 g Quinoa
65 g Vollkorn-Teigwaren
75 g Amaranth
75 g Wildreis
85 g Hartweizennudeln
80 g Haferflocken
100 g Vollkornmehl
125 g Naturreis
125 g Vollkornbrot

Sonstiges
300 ml Sojamilch
1,5 Hühnereiern

GLYX-REZEPTE, DIE GLÜCKLICH UND SCHLANK MACHEN

Willkommen in der GLYX-Küche. Sie finden hier Rezepte für GLYX-Genuss auf Vorrat, für kleine und große Gerichte, für Suppen-, Fisch- und Pasta-Fans, für Vegetarier und Süßschnäbel. Damit können Sie für sich kochen, für Ihre Kinder, für Ihre Freunde. Weiter im Angebot: Kleine Gerichte fürs Büro – und jede Menge Schmankerl für Zeitlose, insbesondere in der »Alles-nur-nicht-Kochen-Küche« ab Seite 128. Viel Spaß beim Kochen, Genießen, Gesundheit tanken – und beim Abnehmen.

Frühstücksideen und Snacks

Der energievolle Start in den Tag

Der zeitlose Morgenmuffel wirft morgens schon mal den Mixer an: Einige Früchte kommen rein, dazu Kefir, Soja- oder Buttermilch. 15 Sekunden mixen, das ist alles. Heraus kommt ein super gesunder Weck-Vitamin-Mix für einen fröhlichen Start in den Tag. Tagsüber sind dann die kulinarischen »Quickies« gefragt – quasi kleine Pralinées in grüner GLYX-Verpackung. Sie schmecken gut, vertreiben den kleinen Hunger und versorgen Sie außerdem noch mit Eiweißpower und Vitalstoffen.

Obstsalat mit Himbeerjoghurt

FÜR 1 PERSON
SCHMECKT AUCH KINDERN

1 kleiner Apfel ♦ 1 kleine Birne ♦ 1 Orange ♦ 2 EL Zitronensaft ♦ 2 TL flüssiger Honig ♦ 100 g Himbeeren (frisch oder tiefgekühlt) ♦ 100 g Naturjoghurt

Zubereitungszeit: 20 Min. ♦ Eiweißgehalt: 7 g

1 Apfel und Birne waschen, vierteln und vom Kerngehäuse befreien. Die Viertel quer in dünne Scheibchen schneiden. Die Orange schälen, in Segmente teilen und nach Belieben ganz lassen oder in Stücke schneiden.
2 Den Zitronensaft in einer Schüssel mit 1 TL Honig verrühren, bis der Honig sich aufgelöst hat. Apfel-, Birnen- und Orangenstücke vorsichtig darin wenden.
3 Frische Himbeeren verlesen, kurz abbrausen und trockentupfen, gefrorene Beeren antauen lassen. Mit dem Joghurt und dem restlichen Honig fein pürieren. Über den Obstsalat gießen und sofort servieren.

Tipp

Was die Auswahl der Früchte für den Obstsalat angeht, haben Sie – je nach Saisonangebot – die Qual der Wahl. Sie können zum Beispiel zwischen GLYX-armen Pfirsichen, Nektarinen, Pflaumen, Feigen, Mandarinen oder Kirschen wählen. Doch auch beim Beerenjoghurt ist variieren angesagt, wobei Heidelbeeren, Brombeeren oder Erdbeeren am besten schmecken. Keine Lust auf Joghurt? Dann mixen Sie die Beeren doch einfach mit Dickmilch, Kefir, einem Sojadrink oder Buttermilch auf.

Carlos sagt: Bueno, Olivenöl, Brot und Tomate. Mehr braucht der Morgen nicht.

Toast-Brötchen mit Tomaten

FÜR 1 PERSON
GEHT GANZ LEICHT

1 Roggen-Sauerteigbrötchen oder Roggen-Vollkornbrötchen (ca. 45 g) ♦ 1–2 Zweige Basilikum ♦ 2 EL Quarkcreme ♦ 1 Tomate ♦ 2 TL Tomatenmark ♦ 1 TL Olivenöl ♦ Salz und Pfeffer

Zubereitungszeit: 10 Min. ♦ Eiweißgehalt: 8 g

1 Das Brötchen halbieren, auf den Toaster legen und von beiden Seiten knusprig rösten.
2 Basilikum waschen, trockentupfen, Blättchen abzupfen. Die Brötchenhälften mit 3 Blättern belegen und mit Quark bestreichen.
3 Die Tomate waschen, vierteln, vom Stielansatz befreien und würfeln. Mit dem Tomatenmark, Öl, Salz und Pfeffer mischen und auf den Brötchenhälften verteilen. Mit Basilikumblättern garnieren und servieren.

➤ ***Variante:*** Ein warmer Snack wird daraus, wenn Sie die Brötchen zusätzlich mit je 1 Scheibe Mozzarella belegen und für 1–2 Minuten unter dem Grill überbacken.

Apfelmüsli

FÜR 2 PERSONEN
SCHMECKT AUCH KINDERN

2 Walnusskerne ♦ 2 TL Sonnenblumenkerne ♦ 2 TL Rosinen ♦ 4 EL kernige Haferflocken ♦ 100 ml fettarme Milch ♦ 1 großer säuerlicher Apfel (ca. 200 g) ♦ 1 EL Zitronensaft ♦ 1 EL Apfel- oder Birnendicksaft ♦ 200 g Naturjoghurt ♦ Zimt zum Bestäuben

Zubereitungszeit: 15 Min. ♦ Eiweißgehalt: 9 g

1 Nüsse grob hacken und mit Sonnenblumenkernen, Rosinen und Haferflocken in zwei Schalen mischen. Mit Milch begießen.
2 Apfel waschen, vierteln, vom Kerngehäuse befreien und klein würfeln. Mit Zitronensaft und Dicksaft vermischen und gleichmäßig auf den Müsliportionen verteilen.
3 Den Joghurt glatt rühren und das Müsli damit überziehen. Mit Zimt fein bestäuben.

Hirsebrei mit Pfirsich

FÜR 2 PERSONEN
BLITZSCHNELL GEMACHT

1/4 l fettarme Milch ♦ 4 EL Hirseflocken ♦ 2 reife Pfirsiche ♦ 2 TL Ahornsirup ♦ 2 TL ungesalzene gehackte Pistazien

Zubereitungszeit: 10 Min. ♦ Eiweißgehalt: 7 g

1 Milch aufkochen, Flocken einrühren und 1 Minute kochen. Den Brei auf der ausgeschalteten Kochplatte etwas abkühlen lassen.
2 Pfirsiche waschen, halbieren und entsteinen. Von den Hälften 4 schmale Spalten abschneiden und zum Garnieren beiseite legen. Das restliche Fruchtfleisch klein würfeln und mit dem Sirup unter den Brei mischen. Auf zwei Schälchen verteilen und mit Pistazien und je 2 Pfirsichspalten garnieren.

➤ ***Variante:*** Andere Früchte mit niedrigem GLYX gefällig? Gut passen Kirschen, frische Feigen, Mandarinen und Himbeeren.

Frischkornmüsli mit Beeren

FÜR 1 PERSON
FÜRS BÜRO

2 EL Hafer- und Weizenkörner (ca. 25 g) ♦ 1 getrocknete Aprikose ♦ 150 g Naturjoghurt ♦ 1 TL flüssiger Honig ♦ 125 g gemischte Beeren (z. B. Himbeeren, Brombeeren, Johannisbeeren) ♦ 1 TL Zitronensaft

Zubereitungszeit: 10 Min. ♦ Quellzeit 12 Std. ♦ Eiweißgehalt: 9 g

1 Die Körner in der Getreidemühle grob schroten. Die Aprikose klein würfeln und untermischen. In einem Schälchen mit 5 EL Joghurt verrühren. Mit Folie abdecken und über Nacht im Kühlschrank quellen lassen.
2 Restlichen Joghurt und Honig unterrühren. Die Beeren verlesen, abbrausen und abtropfen lassen. Das Müsli mit den Beeren bedecken und mit Zitronensaft beträufeln.

Tipps

Das Getreide erst kurz vor der Verwendung schroten. Wer keine Getreidemühle besitzt, sollte sich nur kleine Portionen mahlen lassen, da roher Getreideschrot nach zwei Wochen ranzig werden kann.
Durch das lange Einweichen werden Kohlenhydrate besser aufgeschlossen, was das Müsli leichter verdaulich macht. Statt in Joghurt kann das Getreide auch in Wasser quellen.

Erdbeerbrötchen mit Sanddorncreme

FÜR 1 PERSON
SCHMECKT AUCH KINDERN

3 EL Quarkcreme ♦ 1 EL Sanddornmark mit Honig ♦ 125 g Erdbeeren ♦ 1 Roggen-Sauerteigbrötchen (Rezept Seite 117) oder 1 Roggen-Vollkornbrötchen (ca. 45 g) ♦ 1 Zweig Zitronenmelisse

Zubereitungszeit: 10 Min. ♦ Eiweißgehalt: 12 g

1 Die Quarkcreme mit dem Sanddornmark verrühren. Die Erdbeeren abbrausen, trockentupfen und die Hälfte davon beiseite legen. Den Rest der Beeren putzen und in feine Scheibchen schneiden.

2 Das Brötchen halbieren und mit der Sanddorncreme bestreichen. Mit den Erdbeerscheiben und je 1–2 Melisseblättchen belegen. Die restlichen Erdbeeren samt den grünen Blättern längs halbieren und mit den Brötchenhälften auf einem Teller anrichten.

Blaubeer-Marmeladen-Brot

FÜR 1 PERSON
BLITZSCHNELL GEMACHT

1 Scheibe GLYX-Brot (Rezept Seite 118) oder Roggen-Sauerteigbrot (ca. 45 g) ♦ 2 EL körniger Frischkäse (ca. 50 g) ♦ 2 TL Blaubeer-Apfel-Marmelade (Rezept Seite 118) ♦ 1 TL geschroteter Leinsamen

Zubereitungszeit: 5 Min. ♦ Eiweißgehalt: 11 g

1 Die Brotscheibe halbieren. Frischkäse und Marmelade verrühren und das Brot damit bestreichen. Mit Leinsamen bestreut servieren.

Feigenaufstrich

FÜR ca. 100 g ODER 6 PORTIONEN à 1 TL
GEHT GANZ LEICHT

2–3 frische Feigen (ca. 150 g) ♦ 1 TL Zitronensaft ♦ 1 TL Walnussöl ♦ 1 Vanilleschote

Zubereitungszeit: 10 Min. ♦ Eiweißgehalt: 0 g

1 Die Feigen vierteln, das Fruchtfleisch aus der Schale schaben und mit Zitronensaft und Walnussöl pürieren.

2 Schote aufschlitzen, das Mark herauskratzen und unter das Püree mischen. In einem verschließbaren Glas 2–3 Tage haltbar.

➤ ***Variante:*** Außerhalb der Feigensaison können Sie 2–3 getrocknete Feigen klein würfeln und über Nacht in lauwarmem Wasser einweichen. Restwasser abgießen und die Feigen wie oben beschrieben zubereiten.

Papayaquark mit Pumpernickel

FÜR 2 PERSONEN
BLITZSCHNELL GEMACHT

1/2 reife Papaya (ca. 170 g) ♦ 250 g Magerquark ♦ 1 EL Limettensaft ♦ 1/4 TL abgeriebene Limettenschale ♦ 1 TL Fruchtzucker ♦ 4 Minzeblättchen ♦ 2 Scheiben Pumpernickel (60 g)

Zubereitungszeit: 10 Min. ♦ Eiweißgehalt: 19 g

1 Die Papaya schälen, entkernen und das Fruchtfleisch würfeln. Bis auf 1 TL mit Quark, Limettensaft und -schale sowie dem Zucker vermischen.

2 Quark auf zwei Schälchen verteilen, mit den restlichen Würfeln bestreuen. Minze abreiben, in Streifen schneiden und darüber streuen. Mit dem Pumpernickel servieren.

➤ ***Variante:*** Der Quark schmeckt auch prima mit Mango, Zuckermelone oder Aprikose, die allesamt einen relativ hohen GLYX haben. In diesem Fall pro Sorte nicht mehr als 120 g geschältes Fruchtfleisch verwenden.

Fitness-Früchte-Cocktail

FÜR 1 1/4 l ODER 5 DRINKS à 1/4 l
BLITZSCHNELL GEMACHT

400 g Galiamelone ♦ 1 große Kiwi (ca. 120 g) ♦ 1 weiße Grapefruit ♦ 50 ml ungesüßter Apfelsaft ♦ 1 EL Limettensaft ♦ 400 ml eiskalte Buttermilch, Kefir oder Sojadrink ♦ 4 TL Leinöl ♦ 4 TL Haferkleie

Zubereitungszeit: 20 Min. ♦ Eiweißgehalt: 3 g

1 Melone entkernen, Fruchtfleisch aus der Schale lösen und klein schneiden. Kiwi schälen und grob würfeln. Grapefruit schälen, in Spalten teilen und mit Melone und Kiwi in den Mixer geben.
2 Apfel- und Limettensaft sowie die Hälfte der Buttermilch zugeben und im Mixer alles fein zerkleinern.
3 Restliche Buttermilch mit Leinöl und Haferkleie zugeben und noch einmal kurz durchmixen. Den Drink in einem hohen Glas mit einem dicken Trinkhalm servieren.

1

2

3

1 *Erdbeerbrötchen*

2 *Papayaquark*

3 *Fitness-Früchte-Cocktail*

Pikantes Gurkenmüsli

FÜR 2 PERSONEN
GEHT GANZ LEICHT

4 EL Fünfkorn-Flocken ♦ 4 TL Haferkleie ♦ 200 g Dickmilch ♦ 4 EL fettarme Milch ♦ 4 TL geriebener Emmentaler ♦ 150 g Salatgurke ♦ Salz ♦ Pfeffer ♦ 1 Msp. rosenscharfes Paprikapulver ♦ 4 Radieschen ♦ 1 EL Schnittlauchröllchen

Zubereitungszeit: 10 Min. ♦ Eiweißgehalt: 14 g

1 Flocken und Kleie vermischen. Dickmilch, Milch und Käse unterrühren.
2 Gurke putzen, schälen, würfeln und unter die Flocken heben. Mit Salz, Pfeffer und Paprika abschmecken und in Schalen füllen.
3 Die Radieschen waschen, putzen und in Scheibchen schneiden. Auf dem Müsli anrichten. Mit dem Schnittlauch bestreuen.

Tipp

Kalter Imbiss fürs Büro gefällig? Dann nehmen Sie Ihr Müsli doch einfach in einem Gefäß mit gut schließendem Deckel mit.

Vollkornbrot mit Dill-Ei

FÜR 1 PERSON
SCHMECKT AUCH KINDERN

1 kleines Ei ♦ 1 kleine Gewürzgurke (ca. 20 g) ♦ 1 EL saure Sahne ♦ Salz ♦ Pfeffer ♦ 3 Zweige Dill ♦ 1 Scheibe GLYX-Brot (Rezept Seite 118) oder Roggen-Schrotbrot (ca. 45 g)

Zubereitungszeit: 10 Min. ♦ Eiweißgehalt: 10 g

1 Das Ei in 10 Minuten hart kochen. Abschrecken, pellen und fein hacken. Die Gurke sehr klein würfeln.
2 Ei und Gurke mit der sauren Sahne vermischen und mit Salz und Pfeffer würzen. Den Dill abbrausen, trockentupfen und die Blättchen abzupfen. 2 Zweige zum Garnieren beiseite legen. Den Rest fein hacken und unter die Eiermischung heben.
3 Die Mischung auf dem Brot verteilen, das Brot halbieren und jede Hälfte mit 1 Dillzweiglein garnieren.

➤ ***Variante:*** Gönnen Sie sich einen Luxus beim Sonntagsfrühstück: Krönen Sie Ihr Brot zusätzlich mit 1 TL Keta-Kaviar.

Türkisches Frühstück

FÜR 1 PERSON
BLITZSCHNELL GEMACHT

2–3 kleine Tomaten (ca. 100 g) ♦ 1 Stück Salatgurke (ca. 100 g) ♦ 50 g milder Feta (Schafkäse) ♦ 4 schwarze Oliven ♦ Salz ♦ Pfeffer ♦ 2 TL Olivenöl ♦ 1 Zweig Oregano ♦ 1 Stück Fladenbrot (ca. 30 g)

Zubereitungszeit: 10 Min. ♦ Eiweißgehalt: 17 g

1 Die Tomaten waschen, vom Stielansatz befreien und in Scheiben schneiden. Die Gurke schälen und in Scheiben, den Schafkäse in Streifen schneiden.
2 Tomaten, Gurke, Feta und Oliven auf einem großen Teller dekorativ anrichten. Mit Salz und Pfeffer würzen und mit Olivenöl beträufeln. Den Oregano kurz abbrausen, trockentupfen und die Blättchen abzupfen. Über das Frühstück streuen und mit frischem Fladenbrot servieren.

➤ ***Variante:*** Sie mögen's gern süß? Dann ersetzen Sie die Gurke durch 100 g gut gekühlte Honigmelone, deren Fruchtfleisch Sie in dünne Scheiben schneiden und mit dem restlichen Gemüse anrichten.

Avocadoschnitten

FÜR 2 PERSONEN
GEHT GANZ LEICHT

4 EL körniger Frischkäse ♦ 1 Messerspitze Cayennepfeffer ♦ Salz ♦ Pfeffer ♦ 4 Scheiben Haferknäcke (Rezept Seite 120) oder Roggen-Vollkornknäcke ♦ 1 EL gehackte Mandeln ♦ 1/2 reife Avocado (ca. 125 g) ♦ 2 TL Zitronensaft ♦ 1 EL Schnittlauchröllchen

Zubereitungszeit: 10 Min. ♦ Eiweißgehalt: 7 g

1 Den Frischkäse mit Cayennepfeffer, Salz und Pfeffer würzen und die Knäckebrote damit bestreichen. Die Mandeln darüber streuen und leicht andrücken.
2 Die Avocado schälen, halbieren, den Stein entfernen und das Fruchtfleisch in dünne Scheiben schneiden. Die Brote mit den Avocadoscheiben belegen und sofort mit Zitronensaft beträufeln. Kräftig mit Pfeffer übermahlen und mit den Schnittlauchröllchen bestreut servieren.

➤ ***Variante:*** Statt der Avocado rote und wachsgelbe Spitzpaprika halbieren, putzen, waschen und in Streifen schneiden und abwechselnd auf den Broten anrichten.

Lachs-Frischkäse-Aufstrich

FÜR 10 PORTIONEN à 2 TL
FÜR FREUNDE

100 g fettarmer Frischkäse mit Joghurt ♦ 2 EL Magerquark ♦ 1 EL Zitronensaft ♦ Salz ♦ Pfeffer ♦ 50 g geräucherter Lachs ♦ 1 EL Lachskaviar (ca. 25 g)

Zubereitungszeit: 10 Min. ♦ Eiweißgehalt: 4 g

1 Frischkäse, Magerquark und Zitronensaft gründlich verrühren. Mit Salz und Pfeffer würzen. Den Lachs fein hacken und mit dem Kaviar unterheben.

Nussjoghurt auf Camembert

FÜR 2 PERSONEN
GEHT GANZ LEICHT

100 g Naturjoghurt ♦ 2 TL Haselnussmus ♦ 3 TL Zitronensaft ♦ Salz ♦ Pfeffer ♦ 80 g Camembert (30 % Fett i. Tr.) ♦ 1 kleine Birne (ca. 150 g) ♦ 2 TL gehackte Haselnüsse ♦ 1 Scheibe Pumpernickel (ca. 50 g)

Zubereitungszeit: 15 Min. ♦ Eiweißgehalt: 15 g

1 Joghurt und Nussmus verrühren. Mit 1 TL Zitronensaft, Salz und Pfeffer würzen.
2 Camembert in dünne Scheiben schneiden. Birne waschen, vierteln und ohne Kerngehäuse längs in Spalten schneiden. Mit dem restlichen Zitronensaft beträufeln.
3 Camembert- und Birnenscheiben überlappend auf zwei Tellern auslegen. Den Nussjoghurt gleichmäßig darauf verteilen und mit den Nüssen bestreuen. Pumpernickel halbieren und dazu servieren.

Champignon-Quark-Aufstrich

FÜR 5 PORTIONEN à 4 TL
FÜRS BÜRO

60 g kleine Champignons ♦ 1 kleine Zwiebel ♦ 1 Knoblauchzehe ♦ 1 EL Olivenöl ♦ Salz ♦ Pfeffer ♦ 1 TL Thymian ♦ 1 EL Aceto Balsamico ♦ 100 g Magerquark

Zubereitungszeit: 20 Min. ♦ Eiweißgehalt: 2 g

1 Champignons abreiben, putzen und in Scheiben schneiden. Zwiebel und Knoblauch schälen und fein würfeln.
2 Zwiebel und Knoblauch im heißen Öl glasig dünsten. Pilze zugeben und bei mittlerer Hitze 3 Minuten braten. Mit Salz, Pfeffer, Thymian und Balsamessig würzen.
3 Die Mischung mit dem Stabmixer fein pürieren, den Quark unterrühren. Kräftig salzen und pfeffern.

Kräuter-Rührei

FÜR 2 PERSONEN
BLITZSCHNELL GEMACHT

2 Frühlingszwiebeln ♦ 3 Eier ♦ 50 ml fettarme Milch ♦ Salz ♦ Pfeffer ♦ 2 EL gehackte Kräuter ♦ 1 EL Rapsöl ♦ 4 Scheiben Corned Beef (ca. 60 g) ♦ 1 Scheibe Mehrkorntoast (ca. 20 g)

Zubereitungszeit: 15 Min. ♦ Eiweißgehalt: 19 g

1 Frühlingszwiebeln putzen, waschen und in Ringe schneiden. Eier und Milch verquirlen, salzen und pfeffern. Zwiebelringe und Kräuter untermischen.
2 Das Öl erhitzen und die Eimasse darin bei schwacher Hitze in 5 Minuten zu einem cremigen Rührei stocken lassen. Mit Corned Beef und Toast auf Tellern anrichten.

Frühlingszwiebel-Ricotta auf Tomaten

FÜR 1 PERSON
BLITZSCHNELL GEMACHT

1 kleine Frühlingszwiebel ♦ 50 g Ricotta ♦ 1 EL Magerquark ♦ Salz ♦ Pfeffer ♦ 1 TL Zitronensaft ♦ 1 Tomate

Zubereitungszeit: 10 Min. ♦ Eiweißgehalt: 9 g

1 Die Frühlingszwiebel putzen, waschen und in Ringe schneiden. Ricotta und Quark verrühren und mit Salz, Pfeffer und Zitronensaft kräftig würzen. Die Zwiebelringe bis auf 1 TL unter die Mischung heben.
2 Die Tomate waschen, vom Stielansatz befreien und quer in Scheiben schneiden. Auf einem Teller leicht überlappend anrichten, salzen und pfeffern. Den Ricotta in die Mitte setzen und die restlichen Frühlingszwiebeln darüber streuen.

Feta-Paprika-Schiffchen

FÜR 1 PERSON
FÜR FREUNDE

1 kleine grüne oder rote Spitzpaprika (ca. 80 g) ♦ 30 g Feta (Schafkäse) ♦ 2 TL Zitronensaft ♦ Pfeffer ♦ 1/2 TL getrockneter Oregano ♦ 1 TL Olivenöl

Zubereitungszeit: 7 Min. ♦ Eiweißgehalt: 10 g

1 Die Paprikaschote längs halbieren, von Samen und Scheidewänden befreien und waschen. Abtropfen lassen.
2 Den Feta würfeln und mit Zitronensaft, Pfeffer, Oregano und Öl vermischen. In die Paprikahälften füllen und servieren.

Radieschen mit Pfefferquark

FÜR 1 PERSON
BLITZSCHNELL GEMACHT

5 Radieschen ♦ 100 g Quarkcreme ♦ Salz ♦ 2 TL Zitronensaft ♦ 1/2 TL grob geschroteter schwarzer Pfeffer

Zubereitungszeit: 7 Min. ♦ Eiweißgehalt: 11 g

1 Die Radieschen waschen und putzen, dabei die grünen Stiele und zarten Blätter an den Radieschen belassen.
2 Die Quarkcreme mit Salz, Zitronensaft sowie grob geschrotetem Pfeffer verrühren und mit den Radieschen dippen.

Gurken-Sandwiches

FÜR 1 PERSON
GEHT GANZ LEICHT

1 Stück Salatgurke (ca. 100 g) ♦ Salz ♦ 2 TL vegetarische Kräuter-Soja-Paste

Zubereitungszeit: 7 Min. ♦ Eiweißgehalt: 2 g

1 Die Gurke schälen, in 8 Scheiben von je etwa 1/2 cm schneiden und rundum salzen.
2 4 Gurkenscheiben mit je 1/2 TL Sojapaste bestreichen und mit jeweils einer zweiten Gurkenscheibe abdecken.

Tipp

Gewaschenes, geputztes und zerkleinertes Gemüse verliert schnell Vitamine und Aroma. Deshalb nach dem Zerkleinern zügig weiterverarbeiten und nicht lange stehen lassen.

Zucchini-Joghurt

FÜR 1 PERSON
FÜRS BÜRO

1/2 kleine Zucchini (ca. 60 g) ♦ Salz ♦ 2 TL Zitronensaft ♦ 100 g Naturjoghurt ♦ Pfeffer ♦ 3 schwarze Oliven

Zubereitungszeit: 20 Min. ♦ Eiweißgehalt: 4 g

1 Die Zucchini waschen, putzen und raspeln. Salzen und 10 Minuten ziehen lassen. Auf Küchenpapier ausdrücken.
2 Die Raspel mit Zitronensaft und Joghurt verrühren, salzen und pfeffern. Oliven entsteinen, hacken und darüber streuen.

➤ ***Variante:*** Der Joghurt schmeckt ebenso gut mit geraspelten Gurken.

Chicorée mit Tomaten-Frischkäse

FÜR 1 PERSON
GEHT GANZ LEICHT

2 EL körniger Frischkäse ♦ Salz ♦ Pfeffer ♦ 1 kleine Tomate ♦ 2 Chicoréeblätter

Zubereitungszeit: 5 Min. ♦ Eiweißgehalt: 6 g

1 Den Frischkäse salzen und pfeffern. Die Tomate waschen, vom Stielansatz befreien, würfeln und unter den Frischkäse heben.
2 Die Chicoréeblätter putzen, kurz abbrausen, trockentupfen und mit dem Tomaten-Frischkäse füllen.

1 *Frühlingszwiebel-Ricotta*

2 *Feta Paprika Schiffchen*

3 *Chicorée mit Frischkäse*

Gemüse mit dreierlei Dips

FÜR 1 PERSON
FÜR FREUNDE

200 g gemischtes Gemüse (z. B. Kohlrabi, rote und gelbe Paprikaschoten, Gurken, Stangensellerie, Möhren, Frühlingszwiebeln, Fenchel, Blumenkohl, Brokkoli, Spargel)

Zubereitungszeit: 10 Min. ♦ Eiweißgehalt: 3 g

1 Das Gemüse waschen bzw. schälen und putzen, dann in feine, lange Streifen schneiden. Blumenkohl, Brokkoli und Spargel in dünne Scheiben schneiden. Nach Belieben 2 bis 3 Sorten Gemüse auswählen, vorbereiten und anrichten. Bei Tisch in einen der folgenden drei Dips stippen.

Scharfer Paprika-Dip

FÜR 1 PERSON
FÜR FREUNDE

1/2 rote Paprikaschote (ca. 100 g) ♦ 1 EL Olivenöl ♦ 1 kleine Knoblauchzehe ♦ 6 EL Gemüsefond (aus dem Glas) ♦ 1 TL Tomatenmark ♦ 1 TL Essig ♦ Salz ♦ 1 TL rosenscharfes Paprikapulver

Zubereitungszeit: 15 Min. ♦ Eiweißgehalt: 1 g

1 Die Paprikaschote halbieren, von Samen und Scheidewänden befreien, waschen und in kleine Würfel schneiden. Das Olivenöl erhitzen und die Würfel darin andünsten. Den Knoblauch schälen und dazudrücken. Den Fond angießen und zugedeckt bei mittlerer Hitze 5 Minuten köcheln lassen.

2 Vom Herd nehmen, Tomatenmark und Essig unterrühren und mit dem Pürierstab zerkleinern. Mit Salz und Paprika würzen.

Pesto-Dip

FÜR 1 PERSON
FÜR FREUNDE

50 g Dickmilch ♦ 1 TL Pesto (selbst gemacht oder fertig gekauft) ♦ 1 TL Zitronensaft ♦ Salz ♦ Pfeffer ♦ 2 Basilikumblätter

Zubereitungszeit: 5 Min. ♦ Eiweißgehalt: 7 g

1 Die Dickmilch mit dem Pesto und Zitronensaft verrühren. Mit Salz und Pfeffer kräftig würzen. In ein Schälchen füllen und mit den Basilikumblättchen garnieren.

Curry-Apfel-Dip

FÜR 1 PERSON
FÜR FREUNDE

1/2 säuerlicher Apfel (ca. 100 g) ♦ 1 TL Zitronensaft ♦ 2 EL Naturjoghurt ♦ 1 EL saure Sahne ♦ 1 TL scharfes Currypulver ♦ 1/2 TL gemahlene Kurkuma ♦ Salz ♦ 1 Stängel Petersilie

Zubereitungszeit: 10 Min. ♦ Eiweißgehalt: 2 g

1 Den Apfel vierteln, schälen, vom Kerngehäuse befreien und in kleine Stücke schneiden. Mit dem Zitronensaft fein pürieren, Joghurt und saure Sahne untermischen und mit Curry, Kurkuma und Salz würzen.

2 Den Dipp in einem Schälchen anrichten und mit Petersilienblättchen garnieren.

Tipp

Dippen ist in Gesellschaft doppelt so lecker: Richten Sie deshalb reichlich Gemüsesticks und alle drei Dips an – so kann jeder nach Lust und Laune tunken.

Gefüllte Quarkpflaumen

FÜR 1 PERSON
FÜRS BÜRO

3 Pflaumen oder Zwetschgen (ca. 100 g) ♦ 1 EL Magerquark ♦ 1 TL Zitronensaft ♦ 1 TL gehackte Pistazien ♦ Zimt zum Bestäuben

Zubereitungszeit: 10 Min. ♦ Eiweißgehalt: 4 g

1 Die Pflaumen oder Zwetschgen waschen, längs aufschneiden und den Stein entfernen. Dabei darauf achten, dass die Hälften noch zusammenhängen.
2 Den Quark mit Zitronensaft und Pistazien verrühren. Je 1 TL Quark in die Mitte der Pflaumen füllen. Die Hälften leicht zusammendrücken und mit Zimt bestäuben.

➤ ***Variante:*** Im Sommer können Sie zur Abwechslung 3 kleine frische Aprikosen mit dem Pistazienquark füllen.

Frischkäse mit Beeren

FÜR 1 PERSON
SCHMECKT AUCH KINDERN

1/2 Vanilleschote ♦ 2 EL körniger Frischkäse ♦ 80 g gemischte Beeren (z. B. Erdbeeren, Himbeeren, Brombeeren) ♦ 1 TL gehackte Mandeln

Zubereitungszeit: 10 Min. ♦ Eiweißgehalt: 7 g

1 Die Vanilleschote längs aufschlitzen, das Mark mit einem Messer herauskratzen und unter den Frischkäse mischen.
2 Die Beeren kurz abbrausen, abtropfen lassen und verlesen. Große Erdbeeren klein schneiden. Den Vanille-Frischkäse auf einem Teller anrichten, die Beeren darum herum anrichten. Mit den Mandeln bestreuen.

Orangen-Dickmilch

FÜR 2 PERSONEN
GEHT GANZ LEICHT

1 unbehandelte Orange ♦ 200 g Dickmilch ♦ 1 TL Ahornsirup

Zubereitungszeit: 10 Min. ♦ Eiweißgehalt: 4 g

1 Die Orange heiß abwaschen, abtrocknen und die Schale fein abreiben. Die Orange so schälen, dass die weiße Haut komplett entfernt wird. Die Filets herausschneiden und würfeln. Den abtropfenden Saft auffangen, die Segmente ausdrücken.
2 Orangenschale und -stücke sowie den abgetropften Saft unter die Dickmilch rühren. In einer Schale mit Ahornsirup beträufeln.

➤ ***Variante:*** Statt der Orange 2 Mandarinen nehmen, die Schale aber nicht abreiben, da Mandarinen fast immer behandelt sind.

Apfel-Soja-Drink

FÜR 2 PERSONEN
BLITZSCHNELL GEMACHT

1 säuerlicher Apfel (ca. 150 g) ♦ 1/8 l Sojadrink ♦ 1/2 TL Haselnussmus ♦ 200 ml Mineralwasser ♦ 1 TL Zitronensaft ♦ 1 TL flüssiger Honig ♦ 1 Prise Zimt ♦ 4 Eiswürfel

Zubereitungszeit: 10 Min. ♦ Eiweißgehalt: 5 g

1 Den Apfel vierteln, dünn schälen und vom Kerngehäuse befreien. Eine dünne Spalte abschneiden und zum Garnieren beiseite legen, den restlichen Apfel grob würfeln.

2 Apfelstücke, Sojadrink und Nussmus im Mixer fein zerkleinern. Mineralwasser, Zitronensaft, Honig und Zimt unterrühren und noch einmal kurz aufmixen.

3 Die Eiswürfel in ein Glas geben und den Drink darüber gießen. Mit der Apfelspalte und einem Trinkhalm servieren.

Schokoküsse der Natur

FÜR 2 PORTIONEN
FÜRS BÜRO

50 g Bitterschokolade (mindestens 70 % Kakaoanteil) ♦ 3 Stücke Obst (wahlweise Erdbeeren, frische oder getrocknete Apfelringe, getrocknete Aprikosen oder Pflaumen)

Zubereitungszeit: 10 Min. ♦ Eiweißgehalt: 3 g

1 Die Schokolade hacken und in einer runden Schüssel auf einem Wasserbad bei milder Hitze unter Rühren schmelzen.
2 Frisches Obst waschen, putzen und vorbereiten. Die Stücke je zur Hälfte in die flüssige Schokolade tauchen und auf einem Kuchengitter trocknen lassen.

Tipp

Für einen glatten Guss müssen Sie mehr Schokolade schmelzen als an den Früchten haften bleibt. Schokoreste im Kühlschrank aufbewahren oder am besten gleich eine größere Menge Trockenfrüchte zubereiten und in einer Dose zwischen Lagen von Pergamentpapier aufbewahren.

1

2

3

1 *Quarkpflaumen*

2 *Frischkäse mit Beeren*

3 *Schokoküsse*

Das Geheimnis der Suppe

Die köstlichste Schlank-und-Fit-Formel

Suppen sind schlicht und einfach vielseitig: Man kann sie als Vorspeise ebenso servieren wie als sättigende Hauptmahlzeit. Sie sind leicht und machen trotzdem satt. Sie wärmen im Winter und erfrischen im Sommer, da man sie heiß und kalt essen kann. Und natürlich sind unzählige Variationen möglich – mit Fisch, Nudeln, Huhn, Gemüse ... Kein Wunder also, dass sich in Europa in Sachen Suppe etwas tut und sie still und leise vom Vorspeisenteller ins Hauptspeisen-Töpfchen wandert.

Tomaten-Fenchel-Suppe mit Rotbarsch

FÜR 4 PERSONEN
SCHMECKT AUCH KINDERN

600 g Fenchel ♦ 1 Zwiebel ♦ 2 Knoblauchzehen ♦ 1 TL Fenchelsamen ♦ 800 g reife Tomaten ♦ 2 EL Olivenöl ♦ 1 EL Tomatenmark ♦ 3/4 l Gemüsebrühe ♦ 300 g Rotbarschfilet ♦ Salz ♦ Pfeffer

Zubereitungszeit: 35 Min. ♦ Eiweißgehalt: 18 g

1 Den Fenchel waschen, putzen, längs vierteln, vom Strunk befreien und in sehr feine Streifen schneiden. Das Fenchelgrün beiseite legen. Zwiebel und Knoblauch schälen und fein würfeln. Die Fenchelsamen im Mörser fein zerdrücken.
2 Die Tomaten überbrühen, häuten und ohne Stielsansätze in große Stücke schneiden. Mit dem Stabmixer fein pürieren.
3 Das Öl erhitzen und Zwiebel, Knoblauch, Fenchel und Fenchelsamen darin 3 Minuten andünsten. Das Tomatenmark kurz anschwitzen und mit den pürierten Tomaten und der Brühe ablöschen. Zugedeckt 10 Minuten köcheln lassen.
4 Inzwischen das Filet waschen, trockentupfen und in mundgerechte Streifen schneiden. In die Suppe einlegen und 10 Minuten darin gar ziehen lassen. Salzen, pfeffern und mit gehacktem Fenchelkraut bestreuen.

Tipp

Lust auf ein neues Erlebnis in Sachen Geschmack? Dann sollten Sie die Suppe mal mit Staudensellerie statt mit Fenchel zubereiten.

Mr. Wong sagt: Paplika-Cully-Suppe mit Koliandelglün übellascht den Gaumen.

Paprikacremesuppe mit Curry

FÜR 4 PERSONEN
GEHT GANZ LEICHT

800 g gelbe Paprikaschoten ♦ 1 Zwiebel ♦ 1 EL Rapsöl ♦ 1 gehäufter EL Currypulver ♦ 800 ml Gemüsebrühe ♦ 50 g Sahne ♦ Salz ♦ Pfeffer ♦ 2 TL Limettensaft ♦ 1/2 Bund Koriandergrün

Zubereitungszeit: 40 Min. ♦ Eiweißgehalt: 2 g

1 Paprikaschoten halbieren, von Samen und Scheidewänden befreien, waschen und in Würfel schneiden. Zwiebel schälen, würfeln.
2 Das Öl erhitzen und die Paprikawürfel darin 5 Minuten dünsten. 4 EL davon herausnehmen und beiseite stellen. Zwiebelwürfel zugeben und andünsten. Curry unterrühren, Brühe zugießen und 10 Minuten köcheln.
3 Vom Herd nehmen und pürieren. Sahne unterrühren, Suppe aufkochen und mit Salz, Pfeffer und Limettensaft würzen.
4 Koriander abbrausen, trockentupfen, die Blättchen abzupfen. Die restlichen Paprikawürfel auf Suppenteller verteilen, mit Suppe begießen und mit Koriander bestreuen.

Grüne Suppe mit Geflügelklößchen

FÜR 4 PERSONEN
GEHT GANZ LEICHT

150 g Hähnchenbrustfilet ♦ 1/2 TL fein abgeriebene Zitronenschale ♦ Salz ♦ Pfeffer ♦ 75 g eiskalte Sahne ♦ 120 g tiefgekühlte Erbsen ♦ 200 g Frühlingszwiebeln ♦ 200 g Staudensellerie ♦ 300 g Zucchini ♦ 1 EL Olivenöl ♦ 800 ml Gemüsebrühe ♦ Salz ♦ 100 g frischer Blattspinat ♦ Pfeffer

Zubereitungszeit: 35 Min. ♦ Eiweißgehalt: 14 g

1 Für die Klößchen das Hähnchenbrustfilet trockentupfen und in kleine Würfel schneiden. Mit Zitronenschale, Salz und Pfeffer würzen. Die Sahne zugießen und alles im Mixer fein pürieren. Die Masse für 10 Minuten ins Tiefkühlfach stellen.

2 Die Erbsen auftauen lassen. Frühlingszwiebeln und Sellerie waschen, putzen und in feine Scheiben schneiden. Die Zucchini waschen, abtrocknen, putzen, längs halbieren und in dünne Scheiben schneiden.

3 Das Öl in einem Topf erhitzen und Frühlingszwiebeln, Sellerie und Zucchini darin 3 Minuten anbraten. Mit Brühe ablöschen, aufkochen und 10 Minuten köcheln lassen.

4 Salzwasser in einem zweiten Topf aufkochen. Aus der Geflügelmasse mit einem nassen Teelöffel Klößchen abstechen und im leicht kochenden Wasser bei milder Hitze 15 Minuten gar ziehen lassen.

5 Den Spinat waschen, putzen und verlesen. Die Hälfte der aufgetauten Erbsen mit 3 EL Suppenbrühe pürieren und zusammen mit den ganzen Erbsen und dem Spinat in die Suppe rühren. 5 Minuten ziehen lassen, mit Salz und Pfeffer würzen. Die abgetropften Klößchen auf vorgewärmten Tellern verteilen, mit Suppe übergießen und servieren.

Zitronen-Lauch-Suppe

FÜR 2 PERSONEN
FÜRS BÜRO

400 g zarte Lauchstangen ♦ 1 Zwiebel ♦ 1 Knoblauchzehe ♦ 1/2 unbehandelte Zitrone ♦ 1 EL Olivenöl ♦ 1 TL gehackter Majoran ♦ 50 ml trockener Weißwein ♦ 1/2 l Gemüsebrühe ♦ 2 EL Schmand ♦ Salz ♦ Pfeffer ♦ geriebene Muskatnuss

Zubereitungszeit: 40 Min. ♦ Kühlzeit 12 Std. ♦ Eiweißgehalt: 3 g

1 Den Lauch putzen, aufschlitzen und gründlich unter fließendem Wasser waschen. Ein kleines Stück für die Garnitur beiseite legen, den restlichen Lauch in feine Ringe schneiden. Zwiebel und Knoblauch schälen, die Zwiebel klein würfeln. Die Zitrone unter heißem Wasser waschen und die Schale abreiben. Die Frucht auspressen.

2 Das Öl in einem Topf erhitzen und die Zwiebel- und Lauchstücke darin anbraten. Den Knoblauch dazupressen, Majoran hinzufügen und unter Rühren bei milder Hitze ca. 3 Minuten dünsten.

3 Wein und Brühe angießen, aufkochen und die Suppe zugedeckt bei milder Hitze 20 Minuten köcheln lassen.

4 Mit einem Mixstab fein pürieren, den Schmand einrühren und mit Salz, Pfeffer, Muskat, Zitronensaft und -schale nach Belieben abschmecken. Die Suppe zugedeckt über Nacht kühl stellen.

5 Am nächsten Tag durchrühren und bei Bedarf noch einmal abschmecken. Den restlichen Lauch in feine Ringe schneiden und über die Suppe streuen.

➤ ***Variante:*** Die erfrischende Suppe schmeckt kalt, aber auch heiß ganz ausgezeichnet und ist deshalb ideal zum Mitnehmen ins Büro.

Frühlingssuppe

FÜR 4 PERSONEN
GEHT GANZ LEICHT

200 g weißer Spargel ♦ 150 g Zuckerschoten ♦ 1 zarter Kohlrabi ♦ 1 kleine Möhre ♦ 3 Schalotten ♦ 1 EL Rapsöl ♦ 3/4 l Gemüsebrühe ♦ 50 g Parmesan ♦ Salz ♦ Pfeffer ♦ 1 EL Pesto (selbstgemacht oder fertig gekauft) ♦ 3–4 Zweige Basilikum

Zubereitungszeit: 35 Min. ♦ Eiweißgehalt: 16 g

1 Spargel waschen, schälen, die Enden abschneiden. Schräg in 4 cm lange Stücke schneiden. Zuckerschoten waschen, putzen und halbieren. Kohlrabi putzen, schälen, vierteln und in Streifen schneiden. Möhre schälen und schräg in Scheiben schneiden. Schalotten schälen und fein würfeln.
2 Das Öl erhitzen und die Schalotten darin glasig dünsten. Das Gemüse hinzufügen und 5 Minuten bei schwacher Hitze braten. Mit der Brühe ablöschen, aufkochen und zugedeckt 10 Minuten köcheln lassen.
3 Inzwischen den Parmesan grob reiben. Die Suppe mit Salz, Pfeffer und dem Pesto würzen. Mit Parmesan und Basilikumblättern bestreuen und servieren.

Kalte Gurken-Joghurt-Suppe

FÜR 4 PERSONEN
FÜRS BÜRO

1 Salatgurke (ca. 400 g) ♦ 1 kleine weiße Zwiebel ♦ 1 Bund Petersilie ♦ 1 Bund Dill ♦ 4 Borretschblätter ♦ 6 Basilikumblätter ♦ 1/2 l kalte Gemüsebrühe ♦ 300 g Naturjoghurt ♦ Salz ♦ Pfeffer ♦ Cayennepfeffer

Zubereitungszeit: 20 Min. ♦ 1 Std. Kühlzeit ♦ Eiweißgehalt: 4 g

1 Gurke schälen und in Stifte schneiden. Einige zum Garnieren beiseite legen. Zwiebel schälen und fein würfeln. Kräuter abbrausen, trockentupfen, Blätter abzupfen. Einige beiseite legen, den Rest grob hacken.
2 Gurke, Zwiebel, Kräuter und Brühe fein pürieren. Den Joghurt unterrühren und mit Salz, Pfeffer und Cayennepfeffer würzen. Zugedeckt für 1 Stunde kalt stellen.
3 Danach durchrühren und abschmecken, mit Gurkenstiften und Kräutern garnieren.

➤ ***Variante:*** Den Joghurt können Sie durch Kefir oder Buttermilch ersetzen.

Pilzsuppe asiatisch

FÜR 4 PERSONEN
FÜR FREUNDE

200 g Tofu ♦ 1 TL Sesamöl ♦ 2 EL Sojasauce ♦ 2 TL Sesam ♦ 150 g Shiitakepilze ♦ 150 g Champignons ♦ 3 Frühlingszwiebeln ♦ 1 walnussgroßes Stück Ingwer ♦ 1 Knoblauchzehe ♦ 1 EL Öl ♦ 800 ml Gemüsebrühe ♦ Salz ♦ Pfeffer

Zubereitungszeit: 30 Min. ♦ Eiweißgehalt: 10 g

1 Den Tofu würfeln. Sesamöl und Sojasauce verrühren, den Tofu darin wenden und ziehen lassen. Inzwischen den Sesam in einer Pfanne ohne Fett rösten.
2 Pilze abreiben, Frühlingszwiebeln waschen, beides putzen und in feine Scheiben schneiden. Etwas Zwiebelgrün beiseite legen. Ingwer und Knoblauch schälen, den Ingwer würfeln, den Knoblauch durchpressen.
3 Das Öl erhitzen und das vorbereitete Gemüse darin 3 Minuten anbraten. Mit Brühe ablöschen und 5 Minuten köcheln lassen.
4 Den Tofu samt Marinade in die Suppe geben und zugedeckt weitere 5 Minuten ziehen lassen. Mit Salz und Pfeffer würzen und mit Sesam und den restlichen Frühlingszwiebeln bestreut servieren.

Spitzkohlsuppe mit Senf

FÜR 4 PERSONEN
GEHT GANZ LEICHT

400 g Spitzkohl oder junger Weißkohl ♦ 2 rote Paprikaschoten ♦ 2 kleine Petersilienwurzeln ♦ 1 Zwiebel ♦ 2 Knoblauchzehen ♦ 2 EL Rapsöl ♦ Salz ♦ Pfeffer ♦ 1/2 TL Kümmel ♦ 1 Lorbeerblatt ♦ 1 l Gemüsebrühe ♦ 1 EL Senf ♦ 4 EL saure Sahne ♦ 1/2 Bund Petersilie

Zubereitungszeit: 40 Min. ♦ Eiweißgehalt: 3 g

1 Kohl waschen, putzen, vom Strunk befreien. Paprika halbieren, von Samen und Scheidewänden befreien und beides in feine Streifen schneiden. Wurzeln, Zwiebel und Knoblauch schälen und fein würfeln.
2 Zwiebel im heißen Öl glasig dünsten. Gemüse und Knoblauch darin 3 Minuten anbraten. Mit Salz, Pfeffer und Kümmel würzen. Lorbeerblatt zugeben, Brühe angießen. Aufkochen, zugedeckt 15 Minuten köcheln.
3 Vom Herd nehmen, Senf und saure Sahne einrühren und abschmecken. Petersilie abbrausen, trockentupfen, Blättchen abzupfen, hacken und darüber streuen.

Vegetarische Hauptgerichte

... in GLYX-Manier

Man muss kein Paul Bocuse sein, um zu wissen, dass Gemüse Farbe ins Essen bringt: Gute Köche machen aus einem gemischten Salat ein Blumenbouquet und lassen die Farben einer Gemüsesuppe zu einem Monet zerfließen. Gemüse ist der optische Appetit-Anreger auf dem Teller – und die Schlank-Garantie sowie pure Medizin fürs Leben. Tauchen Sie ein in die Welt der Vegetarischen Gerichte und schlemmen Sie wie nie zuvor.

Paella vegetarisch

FÜR 4 PERSONEN
FÜR FREUNDE

Je 1 rote und grüne Paprikaschote ♦ 1 Stange Lauch ♦ 1 Zwiebel ♦ 2 Knoblauchzehen ♦ 2 EL Olivenöl ♦ 200 g Risottoreis ♦ 1/2 l Gemüsebrühe ♦ Salz ♦ Pfeffer ♦ 1 Päckchen Safranpulver (0,1 g) ♦ 1 große Fleischtomate ♦ 40 g tiefgekühlte Erbsen ♦ 8 schwarze Oliven ♦ 1/2 TL edelsüßes Paprikapulver ♦ 200 g geräucherter Tofu ♦ 1 Bund Petersilie ♦ 1 unbehandelte Zitrone

Zubereitungszeit: 45 Min. ♦ Eiweißgehalt: 10 g

1 Paprika halbieren, von Samen und Scheidewänden befreien, waschen und in 2 cm große Würfel schneiden. Lauch waschen, putzen und in Scheiben schneiden. Zwiebel und Knoblauch schälen und fein hacken.

2 In einer Pfanne 1 1/2 EL Öl erhitzen und Zwiebel und Knoblauch darin glasig dünsten. Paprika, Lauch und Reis zugeben und 3 Minuten mitdünsten. 2 EL von der Brühe abnehmen und beiseite stellen. Mit dem Rest den Pfanneninhalt ablöschen, salzen und pfeffern. Den Safran mit der restlichen Brühe verrühren, zugießen und zugedeckt 10 Minuten köcheln lassen.

3 Tomate überbrühen, häuten und würfeln. Mit Erbsen und Oliven in die Pfanne geben und mit Salz, Pfeffer und Paprikapulver nachwürzen. Weitere 10 Minuten garen.

4 Den Tofu in 1,5 cm kleine Würfel schneiden und im restlichen Öl unter vorsichtigem Wenden 3 Minuten anbraten.

5 Die Petersilie abbrausen, trockentupfen, die Blätter abzupfen und fein hacken. Die Zitrone heiß waschen, abtrocknen und in Schnitze schneiden. Den Tofu unter die Paella mischen, mit der gehackten Petersilie bestreuen und mit Zitronenspalten belegen. 5 Minuten zugedeckt ziehen lassen.

Dimitri sagt: Die Götter müssen verrückt sein auf diesen Mangold mit Feta.

Mangold mit Feta

FÜR 2 PERSONEN
BLITZSCHNELL GEMACHT

2 EL Olivenöl ♦ 2 EL Zitronensaft ♦ Salz ♦ Pfeffer ♦ 2 Scheiben Feta (ca. 150 g) ♦ 1 Dose weiße Riesenbohnen (250 g Abtropfgewicht) ♦ 300 g Mangold ♦ 1 Zwiebel ♦ 1 Knoblauchzehe ♦ 30 g entsteinte schwarze Oliven ♦ 150 ml Gemüsefond (Fertigprodukt)

Zubereitungszeit: 30 Min. ♦ Eiweißgehalt: 66 g

1 Je 1 EL Öl und Zitronensaft mit Salz und Pfeffer mischen, den Feta darin marinieren.

2 Bohnen abgießen und abspülen. Mangold waschen und putzen, Stiele würfeln, Blätter in Streifen schneiden. Zwiebel und Knoblauch schälen und hacken. Oliven halbieren.

3 Restliches Öl erhitzen und Zwiebeln, Knoblauch und Mangoldstiele darin 3 Minuten andünsten. Mit Fond ablöschen und 5 Minuten köcheln lassen. Restliches Gemüse zugeben, bei milder Hitze 5 Minuten dünsten. Mit Salz, Pfeffer und Zitronensaft würzen.

4 Eine beschichtete Pfanne erhitzen und den abgetropften Käse darin rundum 4 Minuten braten. Mit dem Gemüse anrichten.

Gurken-Ratatouille mit Mozzarella

FÜR 4 PERSONEN
SCHMECKT AUCH KINDERN

600 g kleine Gärtnergurken (möglichst unbehandelt) ♦ je 1 rote und gelbe Paprikaschote ♦ 500 g Tomaten ♦ 3 kleine weiße Zwiebeln ♦ 2 Knoblauchzehen ♦ 1 Zweig Rosmarin ♦ 6 Zweige Thymian ♦ 3 Zweige Basilikum ♦ 2 EL Olivenöl ♦ Salz ♦ Pfeffer ♦ 100 ml Gemüsebrühe ♦ 125 g Mozzarella

Zubereitungszeit: 50 Min. ♦ Eiweißgehalt: 8 g

1 Das Gemüse waschen und vorbereiten: Gurken putzen, gründlich waschen bzw. schälen, längs halbieren, entkernen und in 1 cm dicke Scheiben schneiden. Paprika halbieren, von Samen und Scheidewänden befreien, waschen und in 2 cm große Quadrate schneiden. Tomaten überbrühen, abschrecken, häuten und vierteln oder achteln.
2 Zwiebeln schälen und achteln. Knoblauch schälen. Rosmarin, Thymian und Basilikum abbrausen, trockentupfen und die Blättchen abzupfen. Rosmarin und Thymian hacken, Basilikumblättchen ganz belassen.
3 Das Öl erhitzen und die Zwiebeln darin andünsten. Knoblauch dazupressen. Gurken, Paprika, Rosmarin und Thymian 3 Minuten mitdünsten. Salzen und pfeffern.
4 Die Brühe angießen und alles zugedeckt bei milder Hitze 10 Minuten schmoren. Die Tomaten dazugeben und weitere 10 Minuten garen. Mit Salz und Pfeffer abschmecken.
5 Den Mozzarella in Scheiben schneiden und das Gemüse im Topf damit bedecken. Deckel auflegen und auf der abgeschalteten Herdplatte 3 Minuten ziehen lassen, bis der Käse geschmolzen ist. Mit Basilikum bestreuen und pro Person mit 2 Scheiben frischem Baguette oder Stangenweißbrot servieren.

Gedämpftes Gemüse mit Mandelquark

FÜR 2 PERSONEN
GEHT GANZ LEICHT

500 g gemischtes Gemüse (z. B. Spargel, junge Möhren, Brokkoli, Kohlrabi) ♦ 1 rote Zwiebel ♦ 3/8 l Gemüsebrühe ♦ 1 Lorbeerblatt ♦ 3 schwarze Pfefferkörner ♦ 1 Stück Schale einer unbehandelten Zitrone ♦ 1 EL gehackte Mandeln ♦ 1 Knoblauchzehe ♦ 2 TL Mandelmus (Reformhaus) ♦ 250 g Magerquark ♦ 100 g Naturjoghurt ♦ 1 TL Leinöl ♦ Salz ♦ Pfeffer ♦ 1/2 Bund Petersilie

Zubereitungszeit: 40 Min. ♦ Eiweißgehalt: 26 g

1 Das Gemüse je nach Sorte waschen und putzen bzw. schälen. Spargel und Möhren halbieren, Brokkoli in Röschen teilen, Kohlrabi und Zwiebel in Spalten schneiden.
2 Die Brühe in einen großen Topf gießen und bei Bedarf noch so viel Wasser zufügen, dass die Flüssigkeit 2 cm hoch steht. Lorbeerblatt, Pfefferkörner und Zitronenschale zugeben und aufkochen. Das vorbereitete Gemüse auf einem passenden Dämpfeinsatz in den Topf setzen und zugedeckt bei mittlerer Hitze in 25–30 Minuten bissfest dämpfen.
3 Für den Quark die Mandeln rösten. Knoblauch schälen und durch die Presse zum Mandelmus drücken, mit den Mandeln gut vermischen. Quark, Joghurt und Leinöl unterrühren und die Mischung mit Salz und Pfeffer würzen. Petersilie abbrausen, trockentupfen, Blätter abzupfen, fein hacken und ebenfalls unter den Quark rühren.
4 Das gedämpfte Gemüse auf vorgewärmte Teller verteilen, salzen und pfeffern. Mit dem Mandelquark anrichten und mit je 2 kleinen Pellkartoffeln (ca. 100 g) servieren.

Champignon-Spaghetti

FÜR 2 PERSONEN
BLITZSCHNELL GEMACHT

100 g Vollkornspaghetti ♦ Salz ♦ 3 Frühlingszwiebeln ♦ 200 g Champignons ♦ 3 Tomaten ♦ 2 Knoblauchzehen ♦ 6 Zweige Thymian ♦ 1/2 Bund Petersilie ♦ 1 EL Olivenöl ♦ Pfeffer ♦ 2 EL saure Sahne

Zubereitungszeit: 25 Min. ♦ Eiweißgehalt: 11 g

1 Die Spaghetti in 8–10 Minuten bissfest garen. Abgießen und abtropfen lassen.
2 Frühlingszwiebeln putzen, waschen und in Ringe schneiden. Pilze putzen, abreiben und blättrig schneiden. Tomaten waschen, entkernen und würfeln. Knoblauch schälen, in Scheiben schneiden. Kräuter abbrausen, trockenschütteln, die Blättchen abzupfen.
3 Das Öl erhitzen, Zwiebeln, Champignons und Knoblauch darin 3–4 Minuten anbraten. Kräuter, Tomaten und Spaghetti untermischen. Salzen und pfeffern. Auf vorgewärmten Tellern mit je 1 Klecks Sahne anrichten.

➤ ***Variante:*** Für intensiveres Aroma einfach die Hälfte der Champignons durch Pfifferlinge oder Shiitakepilze ersetzen.

Spaghetti mit Walnuss-Sauce

FÜR 2 PERSONEN
GEHT GANZ LEICHT

100 g Spaghetti ♦ Salz ♦ 250 g Wirsing ♦ 30 g Walnüsse ♦ 1 Knoblauchzehe ♦ 2 EL kaltgepresstes Olivenöl ♦ 2 TL Walnussöl ♦ Pfeffer ♦ 1–2 TL Zitronensaft ♦ 30 g frisch geriebener Parmesan

Zubereitungszeit: 25 Min. ♦ Eiweißgehalt: 18 g

1 Die Spaghetti in 8–10 Minuten bissfest garen. Den Wirsing waschen, putzen, von äußeren Blättern und dem Strunk befreien und in 1 cm breite Streifen schneiden. Nach 5 Minuten zu den Nudeln geben, aufkochen und bis zum Ende der Nudelgarzeit mitkochen.
2 Für die Sauce die Nüsse grob hacken. 2 TL beiseite stellen. Den Knoblauch schälen und mit den Nüssen fein pürieren. Beide Öle sowie 3–4 EL Nudelkochwasser zugießen und mixen, bis eine cremige Sauce entsteht. Mit Salz, Pfeffer und Zitronensaft würzen.
3 Spaghetti und Wirsing abgießen, abtropfen lassen und unter die Walnusssauce mischen. Mit Nüssen und Parmesan bestreuen.

Gemüse-Bandnudeln

FÜR 4 PERSONEN
FÜR FREUNDE

200 g schmale Bandnudeln ♦ Salz ♦ 250 g Zucchini ♦ 2 Möhren ♦ 1 Kohlrabi ♦ 2 Schalotten ♦ 1 Knoblauchzehe ♦ 1 EL Pinienkerne ♦ 1/2 Bund Petersilie ♦ 1 unbehandelte Zitrone ♦ 2 EL Parmesan ♦ 2 EL Olivenöl ♦ Pfeffer

Zubereitungszeit: 35 Min. ♦ Eiweißgehalt: 11 g

1 Die Nudeln in 10–12 Minuten bissfest garen. Abgießen und abtropfen lassen.

2 Das Gemüse waschen, putzen bzw. schälen. Zucchini und Möhren längs in dünne Scheiben, den Kohlrabi in Streifen schneiden. Schalotten und Knoblauch würfeln.

3 Die Pinienkerne ohne Fett rösten. Petersilie abbrausen, trockenschütteln, Blättchen abzupfen und mit den Pinienkernen hacken. Zitronenschale fein abreiben und mit dem Parmesan unter die Pinienkerne mischen.

4 Das Öl erhitzen, Schalotten und Knoblauch bei mittlerer Hitze darin glasig dünsten. Das Gemüse und 6 EL Nudelwasser hinzufügen und zugedeckt 5 Minuten dünsten. Die Nudeln untermischen, salzen und pfeffern. Mit der Pinienkern-Mischung bestreuen.

Paprikanudeln mit Avocado

FÜR 4 PERSONEN
BLITZSCHNELL GEMACHT

200 g Spiralnudeln ♦ Salz ♦ 1 reife Avocado ♦ 2 EL Zitronensaft ♦ Pfeffer ♦ 1 TL Chilipulver ♦ 2 EL Schnittlauchröllchen ♦ je 1 gelbe, rote und grüne Paprikaschote ♦ 1 Zwiebel ♦ 1 Knoblauchzehe ♦ 1 EL Olivenöl ♦ 1 TL Oregano

Zubereitungszeit: 25 Min. ♦ Eiweißgehalt: 9 g

1 Die Nudeln in 10–12 Minuten bissfest garen. Abgießen und abtropfen lassen.

2 Die Avocado halbieren, den Kern herauslösen, das Fruchtfleisch aus der Schale heben, mit Zitronensaft beträufeln und mit einer Gabel zerdrücken. Mit Salz, Pfeffer und Chili würzen, den Schnittlauch untermischen.

3 Paprika halbieren, von Samen und Scheidewänden befreien, waschen, würfeln. Zwiebel und Knoblauch schälen und fein würfeln.

4 Das Öl erhitzen und Zwiebel, Knoblauch und Paprika darin bei mittlerer Hitze 4 Minuten anbraten. Die Nudeln 3 Minuten darin erhitzen. Mit Salz, Pfeffer und Oregano würzen und mit der Avocadosauce servieren.

Scharfer Couscous mit Limettenjoghurt

FÜR 2 PERSONEN
BLITZSCHNELL GEMACHT

1 große rote Paprikaschote ♦ 1 scharfe Chilischote ♦ 100 g Egerlinge ♦ 3 Frühlingszwiebeln ♦ 2 EL Olivenöl ♦ 100 g Couscous ♦ 1/4 l Gemüsebrühe ♦ 100 g Naturjoghurt ♦ 2 EL saure Sahne ♦ 1 EL Limettensaft ♦ fein abgeriebene Schale von 1 Limette ♦ Salz ♦ 1/2 Bund Petersilie ♦ Pfeffer

Zubereitungszeit: 25 Min. ♦ Eiweißgehalt: 10 g

1 Paprika und Chili halbieren, von Samen und Scheidewänden befreien und waschen. Paprika in Streifen, Chili in Würfel schneiden. Egerlinge putzen, abreiben und blättrig schneiden. Frühlingszwiebeln waschen, putzen und in dünne Ringe schneiden.

2 Das Öl in einem Topf erhitzen, Gemüse und Chili darin unter gelegentlichem Rühren 2 Minuten dünsten. Couscous einrühren und 1 Minuten anbraten. Die Brühe zugießen, aufkochen und den Couscous auf der abgeschalteten Herdplatte zugedeckt 10 Minuten ausquellen lassen.

3 Inzwischen den Joghurt mit saurer Sahne, Limettensaft und -schale verrühren, leicht salzen. Petersilie abbrausen, trockentupfen, Blättchen abzupfen und hacken.

4 Den fertigen Couscous auflockern, mit Salz und Pfeffer abschmecken. Auf vorgewärmten Tellern mit je einem Klecks Limettenjoghurt anrichten. Mit der gehackten Petersilie bestreuen und servieren.

➤ ***Variante:*** Wer's scharf mag, kann den Couscous bei Tisch eventuell noch mit etwas Sambal oelek nachwürzen.

Gefüllte Auberginen auf Tomaten

FÜR 4 PERSONEN
FÜR FREUNDE

4 mittelgroße Auberginen (gesamt ca. 1 kg) ♦ 2 EL Zitronensaft ♦ Salz ♦ 1 Zwiebel ♦ 1 Knoblauchzehe ♦ 1 EL Olivenöl ♦ 200 g Parboiled-Naturreis ♦ 1/2 l Gemüsebrühe ♦ 4 Fleischtomaten ♦ Pfeffer ♦ 1 Bund Petersilie ♦ 100 g geriebener Parmesan

Zubereitungszeit: 50 Min. ♦ Schmorzeit 35 Min. ♦ Eiweißgehalt: 17 g

1 Auberginen waschen, putzen, längs halbieren und das Fruchtfleisch bis auf einen 1 cm Rand aushöhlen. Die Hälften mit Zitronensaft beträufeln, salzen und ziehen lassen.

2 Das Auberginenfleisch klein würfeln. Zwiebel und Knoblauch schälen und hacken.

3 Das Öl erhitzen und Zwiebel- sowie Knoblauchwürfel darin glasig dünsten. Auberginenfleisch zugeben und 3 Minuten braten. Reis einrühren, 3 EL von der Brühe abnehmen, den Rest zugießen und zugedeckt bei milder Hitze 15 Minuten garen.

4 Den Backofen auf 200° vorheizen. Tomaten überbrühen, abschrecken, häuten, entkernen und würfeln. Mit der restlichen Brühe, Salz und Pfeffer würzen und in einer Gratinform verteilen.

5 Petersilie abbrausen, trockentupfen, Blättchen abzupfen und fein hacken. Mit zwei Dritteln des Käses unter den Reis mischen und die Auberginen damit füllen. Auf die Tomaten setzen, mit dem restlichen Käse bestreuen und im vorgeheizten Ofen (Mitte, Umluft 200°) 35–40 Minuten garen.

➤ ***Variante:*** Die Tomatensauce können Sie nach Belieben mit Stücken servieren oder vorher mit dem Mixstabfein fein pürieren.

Gemüse-Chop-Suey

FÜR 2 PERSONEN
GEHT GANZ LEICHT

200 g Mungobohnen-Sprossen ♦ 100 g Bambussprossen (aus der Dose) ♦ 1 kleine rote Paprikaschote ♦ 2 Stangen Staudensellerie ♦ 1 kleine Zwiebel ♦ 5 EL Gemüsebrühe ♦ 2 EL Sojasauce ♦ 1 EL trockener Sherry (Fino) ♦ 2 TL Reis- oder Obstessig ♦ 1/2 TL Fruchtzucker ♦ 1/2 Bund Petersilie ♦ 1 EL Öl ♦ 1/2 TL (1 g) pflanzliches Bindemittel (z. B. Biobin) ♦ Salz ♦ Pfeffer ♦ 40 g Cashewkerne

Zubereitungszeit: 30 Min. ♦ Eiweißgehalt: 10 g

1 Frische Sprossen abbrausen und abtropfen lassen. Die Bambussprossen abgießen und in 1 cm breite Streifen schneiden. Paprika halbieren, von Samen und Scheidewänden befreien, waschen und in Streifen schneiden. Sellerie waschen, putzen und in Scheiben schneiden. Zwiebel schälen und würfeln.
2 Die Brühe mit Sojasauce, Sherry, Essig und Zucker verrühren. Die Petersilie abbrausen, trockentupfen und die Blätter abzupfen.
3 Das Öl in einem Wok oder einer Pfanne sehr heiß werden lassen und Paprika, Sellerie und Zwiebel darin unter ständigem Rühren 2 Minuten braten. Bohnen- und Bambussprossen zugeben und 1 Minuten bei starker Hitze pfannenrühren.
4 Soja-Würzsauce und Bindemittel einrühren, aufkochen und 2 Minuten köcheln lassen, bis die Sauce angedickt ist. Salzen und pfeffern. Petersilie und Cashewkerne darüber streuen und mit 50 g chinesischen Hartweizennudeln pro Person servieren.

➤ ***Variante:*** Sie haben einen Asien-Shop gleich ums Eck? Dann tauschen Sie die Petersilie im Rezept durch frisches Koriandergrün aus, das Sie dort sicher bekommen.

Gemüse-Kokos-Curry

FÜR 2 PERSONEN
FÜR FREUNDE

2 Knoblauchzehen ♦ 1 walnussgroßes Stück Ingwer ♦ 1 rote Chilischote ♦ 1 mittelgroße Aubergine ♦ 250 g Zucchini ♦ 400 g Romanesco ♦ 2 kleine Möhren ♦ Salz ♦ 2 EL Erdnussöl ♦ 2 TL scharfes Currypulver oder -paste ♦ 1/8 l Gemüsefond ♦ 100 ml ungesüßte Kokosmilch (Dose) ♦ Pfeffer ♦ 1–2 EL Limettensaft

Zubereitungszeit: 40 Min. ♦ Eiweißgehalt: 8 g

1 Knoblauch und Ingwer schälen und fein würfeln. Die Chili längs halbieren, von Samen und Scheidewänden befreien, waschen und klein würfeln. Aubergine und Zucchini waschen, putzen und längs vierteln bzw. halbieren und in 1/2 cm dicke Scheiben schneiden.
2 Romaneso waschen, putzen und in Röschen teilen. Möhren schälen und schräg in Scheiben schneiden. Beide Gemüse zusammen in kochendem Salzwasser 5 Minuten garen. Abschrecken und abtropfen lassen.
3 Das Öl in einem breiten Topf erhitzen. Knoblauch, Ingwer, Chili, Aubergine und Zucchini darin bei starker Hitze unter Rühren 3 Minuten anbraten. Mit Curry bestäuben bzw. die Currypaste einrühren und kurz anschwitzen. Fond und Kokosmilch zugießen, aufkochen und 5 Minuten bei mittlerer Hitze offen einkochen lassen.
4 Die vorgegarten Möhren und den Romanesco hinzufügen und 3 Minuten mitköcheln lassen. Mit Salz, Pfeffer und Limettensaft pikant abschmecken. Dazu pro Person 50 g Vollkorn-Basmatireis servieren.

➤ ***Variante:*** Romanesco ist ein feiner, grüner Verwandter des Blumenkohls. Falls Sie ihn nicht im Angebot finden, können Sie ihn durch Blumenkohl oder Brokkoli ersetzen.

Bohnen-Tofu-Wok

FÜR 2 PERSONEN
FÜR FREUNDE

250 g Tofu ♦ 1 haselnussgroßes Stück Ingwer ♦ 2 EL Sojasauce ♦ Pfeffer ♦ 250 g grüne Bohnen ♦ Salz ♦ 75 g frische Shiitakepilze (ersatzweise Egerlinge) ♦ 2 Frühlingszwiebeln ♦ 2 EL Erdnussöl ♦ 100 ml Gemüsebrühe ♦ 1 EL Austernsauce (Asienladen)

Zubereitungszeit: 30 Min. ♦ Eiweißgehalt: 17 g

1 Den Tofu in Streifen schneiden. Den Ingwer schälen, fein reiben und mit der Sojasauce und dem Pfeffer mischen. Den Tofu darin wenden und ziehen lassen.

2 Die Bohnen waschen, putzen und schräg halbieren. In kochendem Salzwasser in 7 Minuten bissfest garen. Abgießen, abschrecken und gut abtropfen lassen.

3 Shiitakepilze abreiben, Stiele entfernen und die Pilzhüte vierteln. Frühlingszwiebeln waschen, putzen und in Ringe schneiden.

4 In einem Wok 1 EL Öl stark erhitzen. Tofu abtropfen lassen und 1–2 Minuten unter vorsichtigem Wenden braten. Herausheben und beiseite stellen.

5 Restliches Öl erhitzen, Bohnen, Pilze und Frühlingszwiebeln darin 3 Minuten unter Rühren braten. Brühe und Tofu-Marinade zugießen und die Austernsauce einrühren. Bei starker Hitze 1–2 Minuten pfannenrühren. Tofustreifen auf das fertige Gemüse legen und kurz erhitzen. Mit 50 g Naturreis pro Portion anrichten.

1

2

3

1 *Gemüse-Chop-Suey*

2 *Gemüse-Kokos-Curry*

3 *Bohnen-Tofu-Wok*

Linsenburger mit Spinatdip

FÜR 4 PERSONEN
GEHT GANZ LEICHT

200 g rote Linsen ♦ Salz ♦ 2 Frühlingszwiebeln ♦ 1/2 Bund Petersilie ♦ 2 EL Kürbiskerne ♦ 1 Ei und 1 Eigelb ♦ 2 EL Vollkorn-Semmelbrösel ♦ 1/2 TL abgeriebene Zitronenschale ♦ 1 Msp. Cayennepfeffer ♦ 150 g junger Blattspinat ♦ 3 EL Rapsöl ♦ 300 g Naturjoghurt ♦ 1 Knoblauchzehe ♦ Pfeffer

Zubereitungszeit: 1 Std. ♦ Eiweißgehalt: 20 g

1 Die Linsen in einem Sieb abbrausen und mit 350 ml leicht gesalzenem Wasser zum Kochen bringen. Zugedeckt bei milder Hitze in 15 Minuten ausquellen, dann etwas abkühlen lassen. Abgießen und abtropfen lassen.
2 Die Frühlingszwiebeln waschen, putzen und fein würfeln. Die Petersilie abbrausen, trockentupfen, Blätter abzupfen und mit den Kürbiskernen sehr fein hacken.
3 Linsen, Frühlingszwiebeln, Petersilie, Kürbiskerne, Ei, Eigelb und Semmelbrösel vermischen und mit Zitronenschale, Salz und Cayennepfeffer würzen. Aus der Linsenmasse 8 gleich große Burger formen.
4 Für den Dip den Spinat waschen, putzen und verlesen. 1 EL Öl in einem Topf erhitzen und den Spinat darin tropfnass bei geschlossenem Deckel und mittlerer Hitze 1–2 Minuten dünsten. Auf einem Sieb abtropfen lassen, dann fein hacken. Den Spinat in einer Schüssel mit dem Joghurt vermengen. Den Knoblauch schälen und dazupressen, mit Salz und Pfeffer kräftig würzen.
5 Das restliche Öl in einer beschichteten Pfanne erhitzen und die Linsenburger portionsweise darin rundum bei mittlerer Hitze 10 Minuten braten. Mit dem Spinatdip auf Tellern anrichten und servieren.

Kichererbsen-Lauch-Ragout

FÜR 2 PERSONEN
GEHT GANZ LEICHT

1 Stange Lauch ♦ 1 Fenchel ♦ 1 kleine Zwiebel ♦ 1 Knoblauchzehe ♦ 1 EL Olivenöl ♦ 1/2 TL gemahlener Kreuzkümmel ♦ 1/2 TL rosenscharfes Paprikapulver ♦ 1 TL Tomatenmark ♦ 150 ml Gemüsefond ♦ 200 g Kichererbsen (aus der Dose) ♦ 2 reife Tomaten ♦ 2 EL Schmand ♦ Salz ♦ Pfeffer

Zubereitungszeit: 30 Min. ♦ Eiweißgehalt: 9 g

1 Lauch putzen, waschen und schräg in 1/2 cm breite Ringe schneiden. Fenchel waschen und putzen, das Grün abschneiden und beiseite legen. Die Knolle vierteln, den harten Kern herausschneiden und die Knolle in feine Streifen schneiden. Zwiebel und Knoblauch schälen und fein würfeln.
2 Das Öl in einer Pfanne erhitzen, Zwiebel und Knoblauch darin glasig dünsten. Lauch und Fenchel zufügen und unter Rühren 4 Minuten dünsten. Mit Kreuzkümmel und Paprika bestäuben, Tomatenmark einrühren und kurz anschwitzen. Den Fond unterrühren und zugedeckt bei mittlerer Hitze 6–8 Minuten dünsten.
3 Kichererbsen abgießen, kalt abbrausen und gut abtropfen lassen. Tomaten waschen, ohne Stielansatz in Spalten schneiden. Beides in die Pfanne geben, den Schmand einrühren, salzen und pfeffern und 2–3 Minuten ziehen lassen. Das Fenchelkraut hacken und darüber streuen. Mit einem kleinem Stück Fladenbrot (ca. 30 g) pro Person servieren.

➤ ***Variante:*** Das Kichererbsenragout mit 1/2 TL Harissa (scharfe Chilipaste) schärfen. Mit 200 g Naturjoghurt servieren, mit dem die Schärfe etwas gedämpft werden kann.

Quarkklößchen auf Sauerkraut

FÜR 2 PERSONEN
GEHT GANZ LEICHT

200 g Schichtkäse oder Magerquark ♦ 50 g Dinkelvollkorngrieß ♦ 1 Ei ♦ 5 Zweige Petersilie ♦ Salz ♦ Pfeffer ♦ etwas abgeriebene unbehandelte Zitronenschale ♦ 250 g Sauerkraut ♦ 1 kleine rote Zwiebel ♦ 1 kleine Möhre ♦ 1 Petersilienwurzel ♦ 1 EL Rapsöl ♦ 1/2 TL Kümmel

Zubereitungszeit: 45 Min. ♦ Eiweißgehalt: 22 g

1 Für die Klöße Schichtkäse oder abgetropften Magerquark, Grieß und Ei mischen. Die Petersilie abbrausen, trockentupfen, die Blätter abzupfen, fein hacken und unter die Masse mengen. Mit Salz, Pfeffer und Zitronenschale abschmecken, beiseite stellen und 20 Minuten quellen lassen.

2 Das Sauerkraut eventuell klein schneiden. Zwiebel schälen, halbieren und in feine Streifen schneiden. Möhre und Petersilienwurzel schälen und grob raspeln.

3 Aus der sehr feuchten Quarkmasse mit nassen Händen oder mithilfe von zwei Esslöffeln 6 kleine Knödel formen. In kochendes Salzwasser einlegen und bei schwacher Hitze in 10–15 Minuten gar ziehen lassen.

4 Das Öl in einer Pfanne erhitzen und die Zwiebel darin glasig dünsten. Möhren- und Petersilienwurzeln sowie Sauerkraut zugeben und unter Wenden 3 Minuten braten. 1/8 l Wasser aufgießen und mit Salz, Pfeffer und Kümmel würzen. Zugedeckt ca. 5 Minuten dünsten. Die Klöße herausnehmen, abtropfen lassen und auf dem Sauerkraut anrichten.

➤ ***Variante:*** Die Quarkklößchen sind auch als Suppeneinlage geeignet. Dazu Gemüse und Sauerkraut dünsten, mit 1/2 l Gemüsebrühe angießen, 5 Minuten köcheln lassen.

Brokkoli-Minestrone

FÜR 4 PERSONEN
SCHMECKT AUCH KINDERN

1 Bund Suppengrün ♦ 1 Zwiebel ♦ 2 Knoblauchzehen ♦ 400 g Brokkoli ♦ 1 EL Olivenöl ♦ Salz ♦ Pfeffer ♦ 1 1/4 l Gemüsebrühe ♦ 75 g braune Linsen ♦ je 1 EL frisch gehackter Thymian und Oregano ♦ 50 g Schnittnudeln (aus 100 Prozent Hartweizen) ♦ 2 Tomaten ♦ einige Basilikumblätter ♦ 30 g geriebener Parmesan

Zubereitungszeit: 40 Min. ♦ Eiweißgehalt: 14 g

1 Das Suppengrün waschen, putzen und in kleine Stücke schneiden. Zwiebel und Knoblauchzehen schälen und beides fein würfeln. Den Brokkoli waschen, putzen und in mundgerechte Röschen teilen. Die Brokkolistiele schälen und fein schneiden.

2 Das Öl erhitzen und Zwiebel und Knoblauch darin kurz anbraten. Suppengrün hinzufügen und 3 Minuten andünsten. Mit Salz und Pfeffer würzen, die Brühe angießen. Linsen und Kräuter zugeben und alles bei milder Hitze 20 Minuten garen.

3 Den Brokkoli mit den Nudeln in die Suppe geben, noch einmal aufkochen und in weiteren 5 Minuten bissfest garen.

4 Die Tomaten waschen, würfeln und unterrühren. Die Minestrone abschmecken und mit Basilikum und frisch geriebenem Parmesan bestreuen.

Tipp

Wenn es sehr schnell gehen muss: 200 g Linsen aus der Dose verwenden und mit den Nudeln in die Suppe geben. In diesem Fall aber nur noch 800 ml Brühe zugießen.

Spinat-Pizza

FÜR 4 PERSONEN
FÜR FREUNDE

200 g Roggenmehl (Type 997) ♦ Salz ♦ 150 g Magerquark ♦ 4 EL Olivenöl ♦ 400 g Blattspinat ♦ 2 Knoblauchzehen ♦ 200 g gehackte Tomaten (aus der Dose) ♦ 2 TL Tomatenmark ♦ Pfeffer ♦ 1 TL getrockneter Oregano ♦ frisch geriebene Muskatnuss ♦ 1 EL Pinienkerne ♦ 80 g Gorgonzola ♦ Olivenöl zum Fetten der Form und Beträufeln der Pizza

Zubereitungszeit: 30 Min. ♦ Backzeit: 20 Min. ♦ Eiweißgehalt: 16 g

1 Mehl und 1/2 TL Salz vermischen. Quark, 3 EL Öl und 3–4 EL kaltes Wasser zugeben und zu einem elastischen Teig verkneten. Eine Tarte- oder Pizzaform (28–30 cm) mit 1 TL Öl fetten. Den Teig ausrollen, die Form damit auskleiden und einen Rand hochdrücken.
2 Den Backofen auf 220° vorheizen. Spinat waschen, abtropfen lassen und verlesen. Mit 2 TL Wasser in einem Topf zugedeckt 2–3 Minuten bei mittlerer Hitze dünsten, bis die Blätter zusammengefallen sind. In einem Sieb abtropfen lassen und ausdrücken.
3 Knoblauch schälen und in Scheiben schneiden. Tomaten mit Tomatenmark, Salz, Pfeffer und Oregano würzen und auf dem Teig verteilen. Mit Spinat belegen und mit Salz, Pfeffer und Muskat würzen. Mit Knoblauch, Pinienkernen und zerbröckeltem Gorgonzola bestreuen. Mit Öl beträufeln.
4 Im Ofen (Mitte, Umluft 200°) 20 Minuten backen. Die Pizza in 4 Portionsstücke schneiden und mit einem Tomatensalat mit Joghurtdressing servieren.

➤ ***Variante:*** Spinat ist nicht so Ihr Fall? Dann ersetzen Sie diesen durch je 1 kleine gelbe und grüne Paprika und überbacken Sie die Pizza mit Mozzarellascheiben.

Blumenkohl-Nudel-Auflauf

FÜR 4 PERSONEN
SCHMECKT AUCH KINDERN

600 g Blumenkohl ♦ 400 g Brokkoli ♦ Salz ♦ 150 g Makkaroni ♦ Pfeffer ♦ 1 Msp. frisch geriebene Muskatnuss ♦ 300 g Joghurt ♦ 2 Eier ♦ 1 EL Voll-Sojamehl ♦ 75 g geriebener Gruyère ♦ 1/2 TL rosenscharfes Paprikapulver ♦ 1 EL Kürbiskerne ♦ 2 TL Rapsöl

Zubereitungszeit: 30 Min. ♦ Backzeit: 30 Min. ♦ Eiweißgehalt: 23 g

1 Blumenkohl und Brokkoli waschen, putzen, in Röschen teilen und in Salzwasser 5 Minuten garen. Abgießen und abtropfen lassen. Makkaroni in Stücke brechen und in Salzwasser in 10 Minuten bissfest garen. Abgießen und abtropfen lassen.
2 Den Backofen auf 200° vorheizen. Blumenkohl, Brokkoli und Nudeln mischen, mit Salz, Pfeffer und Muskat würzen. Den Joghurt mit Eiern, Mehl und 50 g Gruyère verrühren und die Mischung mit Salz, Pfeffer und Paprika abschmecken.
3 Die Mischung in eine große Auflaufform füllen und gleichmäßig mit der Joghurtsauce übergießen. Mit Kürbiskernen und restlichem Käse bestreuen, mit Öl beträufeln. Im Ofen (Mitte, Umluft 180°) 30 Minuten goldbraun überbacken. Dazu schmeckt ein frischer grüner Salat mit GLYX-Vinaigrette (siehe Seite 126).

➤ ***Variante:*** Anstelle von Blumenkohl und Brokkoli können Sie nach Belieben auch nur eine der beiden Kohlsorten solo verwenden. Oder das Gratin aus Romanesco, dem feinen gelbgrünen Verwandten des Blumenkohls, herstellen. Er zeichnet sich durch einen besonders hohen Vitamin-C-Gehalt aus.

Schafkäse-Tomaten-Gratin

FÜR 2 PERSONEN
GEHT GANZ LEICHT

150 g milder Feta (Schafkäse) am Stück ♦ 3 große Tomaten (ca. 400 g) ♦ 1/2 Bund Petersilie ♦ 6 Zweige Thymian ♦ 1 Knoblauchzehe ♦ 1 EL Zitronensaft ♦ 2 EL Olivenöl ♦ Salz ♦ Pfeffer ♦ etwas Basilikum zum Garnieren

Zubereitungszeit: 20 Min. ♦ Backzeit: 15 Min. ♦ Eiweißgehalt: 22 g

1 Den Backofen auf 200° vorheizen. Schafkäse halbieren und in ca. 1/2 cm dicke Scheiben schneiden. Tomaten waschen, vom Stielansatz befreien und in Scheiben schneiden.
2 Die Petersilie und den Thymian abbrausen, trockentupfen, die Blättchen abzupfen und fein hacken. Knoblauch schälen und durch die Presse zu den Kräutern drücken. Mit Zitronensaft und Olivenöl verrühren, kräftig salzen und pfeffern.
3 Die Käse- und Tomatenscheiben abwechselnd überlappend in eine Gratinform schichten, dabei jede Lage mit dem Kräuter-Zitronen-Öl bestreichen. Mit der restlichen Marinade beträufeln.
4 Im vorgeheizten Ofen (Mitte, Umluft 180°) 15 Minuten überbacken. Mit Basilikumblättchen garnieren und mit Fladenbrot (pro Person ca. 30 g) oder je 2 kleinen Scheiben frischem Baguette servieren.

1 *Spinat-Pizza*

2 *Blumenkohl-Nudel-Auflauf*

3 *Schafkäse-Tomaten-Gratin*

Fisch, Fleisch und Geflügel

GLYX-Vielfalt aus Pfanne und Ofen

Es gibt Leute, die denken bei Fisch an Käpt'n Iglo und bei Fleisch an Wiener Schnitzel – und dann ist auch schon Ende. Schade. Weil Fisch, Fleisch und Geflügel genau das Gegenteil von Langeweile und Eintönigkeit sind. Fisch kann delikat und supergesund zubereitet werden, wenn man ihm – ohne fettige Panade – eine Chance lässt. Und beim Fleisch? Wechseln Sie die Fleischsorten und essen Sie häufiger weiß statt rot. Kombinieren Sie Fleisch und Gemüse – und schlemmen Sie sich schlank ...

Kabeljau auf Gemüse

FÜR 2 PERSONEN
FÜR FREUNDE

300 g Kabeljaufilet ♦ 250 g kleine Zucchini ♦ 200 g kleine fest kochende Kartoffeln ♦ 2 Schalotten ♦ 2 Knoblauchzehen ♦ 1 TL + 2 EL Olivenöl ♦ Salz ♦ Pfeffer ♦ 1 Zweig Rosmarin ♦ 6 Zweige Thymian ♦ 2 Lorbeerblätter ♦ 50 g schwarze Oliven ♦ 6 EL Gemüsefond oder -brühe ♦ 2 TL kleine Kapern ♦ 100 g kleine Tomaten ♦ 1/2 Bund Petersilie

Zubereitungszeit: 45 Min. ♦ Eiweißgehalt: 29 g

1 Das Kabeljaufilet waschen und trockentupfen. Zucchini waschen, putzen und in dünne Scheiben schneiden. Kartoffeln gründlich abbürsten und mit Schale in dünne Scheiben schneiden. Schalotten und Knoblauch schälen. Schalotten in Ringe, Knoblauch in Scheibchen schneiden.

2 Den Backofen auf 200° vorheizen. Eine ofenfeste Form mit 1 TL Olivenöl einfetten, mit Kartoffel- und Zucchinischeiben sowie Schalottenringen schichtweise auslegen. Mit Salz und Pfeffer würzen, die oberste Lage mit 1 EL Olivenöl beträufeln.

3 Rosmarin und Thymian abbrausen, trockentupfen, von den Stängeln zupfen und mit Lorbeerblättern, Knoblauchscheibchen und Oliven auf dem Gemüse verteilen. Den Fond oder die Brühe seitlich zugießen. Die Filets auf das Gemüse legen und mit Salz und Pfeffer würzen. Mit Kapern bestreuen und mit dem restlichen Olivenöl beträufeln. Im vorgeheizten Ofen (2. Schiene, Umluft 180°) 15 Minuten garen.

4 Inzwischen die Tomaten waschen und achteln. In der Form verteilen und die letzten 10 Minuten im Ofen mitgaren. Die Petersilie abbrausen, trockentupfen, die Blättchen abzupfen, grob hacken und vor dem Servieren über den Fisch streuen.

Hiasl sagt: Was? Radiserln zum platterden Fisch? Wenn's schlank macht …

Radieschen-Scholle

FÜR 2 PERSONEN
GEHT GANZ LEICHT

4 kleine Kartoffeln (ca. 200 g) ♦ Salz ♦ 300 g Schollenfilets ♦ 2 EL Zitronensaft ♦ Pfeffer ♦ 200 g Radieschen ♦ 2 EL fein geriebene Mandeln ♦ 1 EL Rapsöl ♦ 1 TL Butter

Zubereitungszeit: 30 Min. ♦ Eiweißgehalt: 30 g

1 Kartoffeln waschen und in Salzwasser 20–25 Minuten garen. Schollenfilets waschen und trockentupfen. Mit Zitronensaft beträufeln, salzen und pfeffern. Radieschen waschen, putzen und in Scheibchen schneiden, 6 Radieschenblätter beiseite legen.

2 Die Filets in den Mandeln wenden. In einer beschichteten Pfanne das Öl erhitzen und die Filets darin bei mittlerer Hitze in 4–6 Minuten goldgelb braten, dabei einmal wenden. Herausnehmen und warm stellen.

3 Butter aufschäumen und die Radieschen darin 1 Minute braten. Kartoffeln abgießen, pellen und mit den Filets auf Tellern anrichten. Radieschen mit Butter daneben arrangieren. Radieschenblätter in feine Streifen schneiden und über die Kartoffeln streuen.

Lachs mit Spinat und Joghurtschaum

FÜR 4 PERSONEN
FÜR FREUNDE

4 Scheiben Lachsfilet (ohne Haut, je ca. 125 g) ♦ Saft von 1/2 Zitrone ♦ Salz ♦ Pfeffer ♦ 3 Schalotten ♦ 1 1/2 EL Olivenöl ♦ 1/4 l Fischfond (aus dem Glas) ♦ 600 g Blattspinat ♦ 1 Knoblauchzehe ♦ frisch geriebene Muskatnuss ♦ 2 Eigelbe ♦ 150 g Magermilchjoghurt ♦ 1/2 TL abgeriebene unbehandelte Zitronenschale

Zubereitungszeit: 40 Min. ♦ Eiweißgehalt: 31 g

1 Die Lachsfilets waschen, trockentupfen, mit 2 EL Zitronensaft beträufeln, salzen und pfeffern. Schalotten schälen und würfeln.
2 Den Backofen auf 180° vorheizen. Eine Gratinform mit 1/2 EL Öl fetten. Ein Drittel der Schalotten darin verteilen und mit den Lachsscheiben belegen. Den Fond mit 1/8 l Wasser bis kurz vor den Kochpunkt erhitzen, in die Form gießen und diese mit Alufolie abdecken. Den Lachs im Ofen (Mitte, Umluft 160°) 10 Minuten pochieren.
3 Inzwischen den Spinat waschen, putzen und verlesen. Knoblauch schälen. In einem breiten Topf das restliche Öl erhitzen und die restlichen Schalotten mit dem zerdrückten Knoblauch darin glasig dünsten. Spinat tropfnass zugeben und zugedeckt in 1–2 Minuten zusammenfallen lassen. Mit Salz, Pfeffer und Muskat kräftig würzen.
4 Für die Sauce die Eigelbe mit dem Joghurt und 1 TL Zitronensaft über einem heißen Wasserbad schaumig aufschlagen. Den Joghurtschaum mit Salz, Pfeffer und Zitronenschale nach Belieben würzen.
5 Lachs aus dem Fischsud heben und mit Spinat und Joghurtschaum auf vorgewärmten Tellern anrichten. Mit zwei kleinen Pellkartoffeln (ca. 100 g) pro Person servieren.

Gegrillte Paprika-Makrele

FÜR 2 PERSONEN
GEHT GANZ LEICHT

1 Schalotte ♦ 2 Knoblauchzehen ♦ Salz ♦ 2 TL edelsüßes Paprikapulver ♦ 2 EL Olivenöl ♦ 2 Makrelen (je ca. 300 g) ♦ 2 unbehandelte Zitronenscheiben ♦ 1 mittelgroße Aubergine ♦ 1 rote Zwiebel ♦ 300 g Tomaten ♦ Pfeffer ♦ 1 TL Kräuter der Provence (TK-Mischung)

Zubereitungszeit: 45 Min. ♦ Eiweißgehalt: 59 g

1 Schalotte und Knoblauch schälen, hacken und mit 1 TL Salz, Paprika und 1 TL Olivenöl fein pürieren. Makrelen waschen, abtrocknen und auf beiden Seiten mehrmals schräg einschneiden. Innen und außen mit der Paste einstreichen. Zitronenscheiben halbieren, in die Bauchhöhlen stecken. Ziehen lassen.
2 Aubergine waschen, putzen und würfeln. Zwiebel schälen, in Spalten schneiden. Tomaten waschen und achteln.
3 1 EL Öl erhitzen. Aubergine und Zwiebel darin unter Rühren 3 Minuten anbraten. Mit Salz, Pfeffer und Kräutern würzen. Die Tomaten unterheben und zugedeckt bei milder Hitze 15 Minuten köcheln lassen.
4 Den Elektro-Grill oder den Backofen auf höchster Stufe vorheizen. Den Rost einölen, Makrelen darauf legen und pro Seite 6–7 Minuten grillen. Mit dem Gemüse servieren.

Tipp

Als Beilage Reisnudeln servieren: Für 2 Personen 100 g Reisnudeln kurz in 1 TL Öl anbraten, mit 200 ml Gemüsebrühe aufgießen und zugedeckt 10–15 Minuten quellen lassen.

Matjes mit Fenchel-Limetten-Gemüse

FÜR 1 PERSON
BLITZSCHNELL GEMACHT

1 kleine Fenchelknolle ♦ 1 kleine Zwiebel ♦ 1 EL Olivenöl ♦ 4 EL Gemüsebrühe ♦ Salz ♦ Pfeffer ♦ 1 Limette ♦ 1 EL pflanzliche Crème fraîche ♦ 2 Matjesfilets (ca. 100 g)

Zubereitungszeit: 20 Min. ♦ Eiweißgehalt: 20 g

1 Fenchel putzen, waschen, halbieren, vom harten Strunk befreien und quer in feine Streifen schneiden. Das Grün hacken. Die Zwiebel schälen und fein würfeln.
2 Das Öl in einer Pfanne erhitzen und die Zwiebel darin glasig dünsten. Fenchelstreifen zugeben und unter Rühren ca. 3 Minuten mitdünsten. Brühe angießen, salzen und pfeffern. Den Fenchel zugedeckt bei milder Hitze 5 Minuten köcheln lassen.
3 Die Limette heiß abwaschen, abtrocknen und die Schale fein abreiben, den Saft auspressen. Limettensaft und -schale mit der Crème fraîche unter das Gemüse rühren, kurz erhitzen und mit Salz und Pfeffer abschmecken. Mit den Matjesfilets und zwei kleinen Pellkartoffeln pro Person (ca. 100 g) anrichten. Mit Fenchelkraut bestreuen.

Tipps

Die vegetarische Crème fraîche im Rezept können Sie durch saure Sahne ersetzen. Diese aber nicht mitkochen, da sie sonst gerinnt!
Fürs Büro: Fenchelgemüse abkühlen lassen, in eine Plastikschüssel füllen und als kaltes Gemüse im Büro mit einer Scheibe Pumpernickel zum Matjes genießen.

Fischröllchen auf Lauchsauce

FÜR 2 PERSONEN
FÜR FREUNDE

1 Stange Lauch ♦ Salz ♦ 4 Seezungen- oder Schollenfilets ♦ Pfeffer ♦ 1 EL Zitronensaft ♦ 1 TL Pesto ♦ 1 kleine Zwiebel ♦ 1 Knoblauchzehe ♦ 1 EL Olivenöl ♦ 100 ml trockener Weißwein ♦ 150 ml Fischfond (aus dem Glas) ♦ 2 EL Schmand ♦ 1/2 TL abgeriebene unbehandelte Zitronenschale

Zubereitungszeit: 50 Min. ♦ Eiweißgehalt: 37 g

1 Den Lauch waschen, putzen, längs aufschlitzen. Die äußeren vier Blätter abtrennen und in kochendem Salzwasser 2 Minuten blanchieren. Abgießen, abschrecken und gut abtropfen lassen. Die Lauchblätter nebeneinander ausbreiten und je nach Größe der Fischfilets längs zusammenklappen. Den restlichen Lauch klein würfeln.
2 Die Filets kurz abbrausen, trockentupfen, rundum mit Salz, Pfeffer und Zitronensaft würzen. Auf jedes Lauchblatt je 1 Fischfilet legen, mit Pesto bestreichen, zu Päckchen aufrollen und mit Holzstäbchen fest stecken. Zwiebel und Knoblauchzehe schälen, die Zwiebel fein würfeln.
3 Das Öl in einem Topf erhitzen und die Zwiebel- und Lauchwürfel darin 2–3 Minuten dünsten. Knoblauch dazupressen und mit Wein und Fond ablöschen. Aufkochen und bei mittlerer Hitze 5 Minuten einkochen lassen. Die Fischröllchen auf das Gemüse setzen und zugedeckt bei schwacher Hitze 5–7 Minuten dünsten, bis sie gar sind.
4 Die Röllchen herausnehmen und warm stellen. Den Schmand in die Sauce einrühren und mit Salz, Pfeffer und Zitronenschale abschmecken. Mit einer Mischung aus Natur- und Wildreis (50 g pro Person) anrichten.

Staudensellerie-Garnelen-Pfanne

FÜR 2 PERSONEN
FÜR FREUNDE

400 g Staudensellerie ♦ 2 Schalotten ♦ 1 mittelgroßer säuerlicher Apfel ♦ 2 EL Zitronensaft ♦ 150 g rohe geschälte Riesengarnelen (frisch oder tiefgekühlt) ♦ 2 EL Rapsöl ♦ Salz ♦ Cayennepfeffer ♦ 200 ml Hühnerbrühe ♦ 50 ml ungesüßter Apfelsaft ♦ 1/2 TL (1 g) pflanzliches Bindemittel (z. B. Biobin)

Zubereitungszeit: 30 Min. ♦ Eiweißgehalt: 18 g

1 Den Sellerie waschen, putzen und in 1 cm breite Scheiben schneiden. Einige Sellerieblätter abschneiden, waschen und beiseite legen. Schalotten schälen und fein würfeln. Apfel gut waschen, abtrocknen, achteln, vom Kerngehäuse befreien und in dünne Scheibchen schneiden. Sofort mit Zitronensaft beträufeln. Garnelen bei Bedarf auftauen lassen, abbrausen und gut trockentupfen.

2 Das Öl in einer Pfanne erhitzen und die Garnelen darin unter Wenden 2–3 Minuten braten. Herausnehmen und mit Salz und Cayennepfeffer würzen.

3 Sellerie und Schalotten im restlichen Bratfett andünsten, mit Brühe ablöschen und 4 Minuten einkochen lassen. Apfelsaft, Apfelstücke und Bindemittel einrühren und 3 Minuten köcheln lassen. Salzen und pfeffern. Die Garnelen einlegen und kurz erhitzen. Mit einer Mischung aus 50 g Naturreis mit Wildreis pro Person anrichten. Die Sellerieblätter hacken und darüber streuen.

1

2

3

1 *Matjes mit Fenchel-Limetten-Gemüse*

2 *Fischröllchen auf Lauchsauce*

3 *Staudensellerie-Garnelen-Pfanne*

Meeresfrüchte-Risotto mit Spargel

FÜR 4 PERSONEN
FÜR FREUNDE

500 g gemischte Meeresfrüchte (Frutti di Mare, z. B. King Prawns, Jakobsmuscheln, Surimi, Calamari, frisch oder tiefgekühlt) ♦ 2 EL Zitronensaft ♦ Salz ♦ Pfeffer ♦ 1 Zwiebel ♦ 2 Knoblauchzehen ♦ 500 g grüner Spargel ♦ 2 EL Olivenöl ♦ 200 g Risottoreis ♦ 1/8 l trockener Weißwein

Zubereitungszeit: 55 Min. ♦ Eiweißgehalt: 26 g

1 Tiefgekühlte Meeresfrüchte auftauen. Die Mischung kurz abbrausen und mit Küchenpapier trockentupfen. Mit Zitronensaft beträufeln, mit Salz und Pfeffer würzen. Die Zwiebel und den Knoblauch schälen, die Zwiebel fein würfeln.

2 Den Spargel waschen, putzen und im unteren Drittel schälen. Schräg in 4 cm lange Stücke schneiden. In kochendem Salzwasser 5 Minuten garen, abgießen und abschrecken, dabei 600 ml Kochsud auffangen.

3 Das Öl in einem Topf erhitzen und die Zwiebel darin kurz andünsten. Den Reis einrieseln lassen und unter Rühren glasig dünsten. Den Knoblauch dazudrücken, den Wein angießen und bei starker Hitze verdampfen lassen. Nach und nach den aufgefangenen Spargelsud zugießen und den Risotto unter ständigem Rühren ohne Deckel 20 Minuten bei mittlerer Hitze garen.

4 Spargelstücke und Meeresfrüchte untermischen und zugedeckt 10 Minuten bei schwacher Hitze ziehen lassen. Den Risotto mit Salz und Pfeffer abschmecken.

➤ ***Variante:*** Außerhalb der Spargelsaison passen Schmorgurken oder Zucchini sehr gut zum Meeresfrüchte-Risotto.

Gebratene Seeteufel-Nudeln

FÜR 2 PERSONEN
FÜR FREUNDE

100 g Linguine (flache Spaghetti) ♦ Salz ♦ 1 TL Sesamöl ♦ 200 g Seeteufelfilet ♦ 1 kleine Möhre ♦ 1 kleiner Zucchino ♦ 1/2 rote Paprikaschote ♦ 2 Schalotten ♦ 1 Knoblauchzehe ♦ 2 EL Erdnussöl ♦ 1 EL Fischsauce ♦ 1 EL Sojasauce ♦ 1 EL Obstessig ♦ 1/2 TL brauner Rohrzucker

Zubereitungszeit: 30 Min. ♦ Eiweißgehalt: 24 g

1 Die Nudeln in kochendem Salzwasser in 8–10 Minuten bissfest garen. Abgießen, abtropfen lassen und in einer Schüssel gründlich mit dem Sesamöl vermischen.

2 Das Seeteufelfilet waschen, trockentupfen und in 2 cm große Würfel schneiden.

3 Möhre, Zucchino und Paprika waschen und putzen bzw. schälen, in dünne streichholzlange Streifen schneiden. Schalotten und Knoblauch schälen, in Scheiben schneiden.

4 1 EL Öl im Wok oder einer Pfanne erhitzen und das Fischfilet darin unter Rühren 2 Minuten braten. Herausnehmen und mit der Fischsauce würzen.

5 Das restliche Öl in Wok oder Pfanne erhitzen und Schalotten und Knoblauch darin 2 Minuten anbraten. Möhren-, Zucchini- und Paprikastreifen zugeben und unter Rühren 5 Minuten braten. Sojasauce, Essig und Zucker einrühren. Die Nudeln und 4 EL Wasser hinzufügen und gut untermischen. Den Seeteufel vorsichtig unterheben und alle Zutaten 3 Minuten erhitzen.

➤ ***Variante:*** Das Filet vom Seeteufel durch frischen Thunfisch ersetzen oder die Nudeln zusätzlich noch mit 1 EL geröstetem, geschältem Sesam bestreuen.

Spaghetti mit Tomaten-Thunfisch-Sauce

FÜR 2 PERSONEN
BLITZSCHNELL GEMACHT

100 g Spaghetti ♦ Salz ♦ 1 Zwiebel ♦ 1 Knoblauchzehe ♦ 500 g Tomaten ♦ 1 EL Olivenöl ♦ 2 TL frisch gehackter Oregano (ersatzweise 1 TL getrockneter) ♦ frisch gemahlener Pfeffer ♦ 1 Dose Thunfisch im eigenen Saft (140 g Abtropfgewicht) ♦ 1 EL Kapern und 1 EL Kapernsud ♦ 1/2 Bund Petersilie

Zubereitungszeit: 30 Min. ♦ Eiweißgehalt: 23 g

1 Die Spaghetti in reichlich kochendem Salzwasser in 8–10 Minuten bissfest garen. Abgießen und abtropfen lassen.
2 Zwiebel und Knoblauch schälen und fein würfeln. Tomaten überbrühen, abschrecken, häuten und fein hacken.
3 Das Öl in einem Topf erhitzen, Zwiebel und Knoblauch darin glasig dünsten. Tomaten hinzufügen, mit Oregano, Salz und Pfeffer würzen. Offen 10 Minuten einkochen.
4 Thunfisch abgießen, zerpflücken und mit Kapern und deren Sud unter die Sauce mischen. Kurz darin erhitzen.
5 Petersilie abbrausen, trockentupfen, Blätter abzupfen und hacken. Die Spaghetti mit der Tomatensauce auf Tellern anrichten und mit Petersilie bestreuen.

Tipp

Hit für Junggesellen: Frische Tomaten durch 1 Dose gehackte Tomaten (400 g) ersetzen, zu der Zwiebel und dem Knoblauch in den Topf geben, 5 Minuten köcheln lassen. Dann wie oben beschrieben fertig stellen!

Kräuter-Forellen im Gemüsebett

FÜR 2 PERSONEN
GEHT GANZ LEICHT

1 Möhre ♦ 150 g Knollensellerie ♦ 1 dünne Stange Lauch ♦ 1 Bund gemischte Kräuter (z. B. Petersilie, Basilikum, Estrgon) ♦ Salz ♦ Pfeffer ♦ 2 küchenfertige Forellen (je 300–350 g) ♦ 2 EL Zitronensaft ♦ 4 EL Gemüsebrühe ♦ 1 Stück Bratschlauch

Zubereitungszeit: 30 Min. ♦ Garzeit: 20 Min. ♦ Eiweißgehalt: 71 g

1 Möhre und Sellerie schälen, Lauch waschen und putzen. Das Gemüse in feine Streifen schneiden. Kräuter abbrausen, trockentupfen, Blättchen abzupfen. Die Hälfte beiseite legen, den Rest hacken und unter das Gemüse mischen. Salzen und pfeffern.
2 Den Backofen auf 200° vorheizen. Die Forellen waschen und trockentupfen. Innen und außen mit Zitronensaft beträufeln, salzen und pfeffern und je 1 TL Kräuter in die Bauchhöhle legen.
3 Das Gemüse in einem ausreichend großen Bratschlauch (die Forellen müssen nebeneinander hineinpassen!) verteilen. Eine Seite verschließen, die Brühe angießen. Die Forellen aufs Gemüse legen. Den Schlauch nach Vorschrift verschließen und auf ein kaltes Backblech legen.
4 Im vorgeheizten Ofen (untere Schiene, Umluft 180°) 20–25 Minuten garen. Bratschlauch öffnen, Forellen und Gemüse auf Tellern anrichten. Die restlichen Kräuter hacken und darüber streuen. Dazu passen 100 g kleine Kartoffeln pro Person.

➤ ***Variante:*** Die beiden Forellen können auch gut durch ein Stück Schellfisch (600–700 g) ausgetauscht werden.

Zitronen-Geschnetzeltes

FÜR 2 PERSONEN
FÜR FREUNDE

250 g Hähnchenbrustfilet ♦ 1/2 unbehandelte Zitrone ♦ Pfeffer ♦ 1 TL getrockneter Thymian ♦ 1 mittelgroßer Kohlrabi ♦ 2 Schalotten ♦ 1 EL Olivenöl ♦ Salz ♦ 1 TL Butter ♦ 1/8 l Gemüsefond ♦ 150 g Kirschtomaten ♦ 1 EL Crème légère (ersatzweise Schmand)

Zubereitungszeit: 30 Min. ♦ Eiweißgehalt: 31 g

1 Fleisch trockentupfen und in feine Streifen schneiden. Zitrone heiß waschen, abtrocknen, die Schale fein abreiben. 1 EL Saft auspressen. Zitronenschale und -saft mit Pfeffer und Thymian verrühren. Das Fleisch darin wenden und 10 Minuten ziehen lassen.

2 Kohlrabi putzen, schälen, vierteln und in 1/2 cm dünne Scheiben schneiden. Schalotten schälen und fein würfeln.

3 Das Fleisch abtropfen lassen und trockentupfen. In einer Pfanne das Öl erhitzen und das Fleisch darin bei starker Hitze unter Wenden in 3 Minuten knusprig braten. Herausnehmen, salzen und warm stellen.

4 Die Butter in der heißen Pfanne aufschäumen und die Schalotten darin glasig dünsten. Kohlrabi hinzufügen und 3 Minuten mitdünsten. Den Fond zugießen und bei mittlerer Hitze 5 Minuten einkochen lassen.

5 Die Tomaten waschen und halbieren. Crème légère unter das Gemüse rühren, mit Salz und Pfeffer würzen. Fleisch und Tomaten unterheben und kurz erhitzen. Mit 50 g Naturreis pro Person auf Tellern anrichten.

➤ ***Variante:*** Das Geschnetzelte können Sie ebenso gut mit Puten- oder Kalbsschnitzel zubereiten. Wer gerne Fisch mag, kann natürlich auch Fischfilet verwenden.

Thaigemüse mit Putenstreifen

FÜR 2 PERSONEN
FÜR FREUNDE

200 g Putenbrustfilet ♦ 1–2 EL Sojasauce ♦ 1 rote Paprikaschote ♦ 100 g Zuckerschoten ♦ 1 dünne Stange Lauch ♦ 50 g frische Shiitakepilze (ersatzweise Egerlinge) ♦ 100 g Mungobohnen-Sprossen ♦ 1 kleine Zwiebel ♦ 1 Knoblauchzehe ♦ 1/8 l Gemüsebrühe ♦ 1/2 TL (1 g) pflanzliches Bindemittel (z. B. Biobin) ♦ 1 EL Fischsauce ♦ 1 1/2 EL Öl ♦ 1/2 TL Sambal oelek

Zubereitungszeit: 45 Min. ♦ Eiweißgehalt: 42 g

1 Das Fleisch trockentupfen, in feine Streifen schneiden und in der Sojasauce wenden. Paprika vierteln, von Samen und Scheidewänden befreien, waschen und in dünne Streifen schneiden. Zuckerschoten waschen, putzen und schräg halbieren. Lauch putzen, längs aufschlitzen und in feine Ringe schneiden. Pilze abreiben, Stiele entfernen, Pilzhüte feinstreifig schneiden. Sprossen abbrausen und abtropfen lassen. Zwiebel und Knoblauch schälen und fein würfeln. Brühe, Bindemittel und Fischsauce verquirlen.

2 In einem Wok 1/2 EL Öl stark erhitzen. Das Fleisch darin unter Rühren 2 Minuten scharf anbraten, herausnehmen und warm stellen. Das restliche Öl im heißen Wok erhitzen und Zwiebel- und Knoblauchwürfel darin glasig dünsten. Paprika und Zuckerschoten zugeben und 3 Minuten unter Rühren braten. Lauch und Pilze hinzufügen und 2–3 Minuten pfannenrühren. Würzsauce zugießen und das Gemüse 5 Minuten darin dünsten.

3 Sprossen und Fleisch unterheben, mit Sambal oelek und Sojasauce würzen und 2 Minuten ziehen lassen. Mit 50 g Parboiled-Reis pro Person servieren.

Hähnchenschnitzel mit Mandel-Brokkoli

FÜR 2 PERSONEN
GEHT GANZ LEICHT

2 Hähnchenbrustfilets (ca. 250 g) ♦ 2 EL Olivenöl ♦ 1 EL Zitronensaft ♦ 1 TL Kräuter der Provence ♦ 400 g Brokkoli ♦ Salz ♦ Pfeffer ♦ 1 TL Butter ♦ 1 EL Mandelblättchen

Zubereitungszeit: 40 Min. ♦ Eiweißgehalt: 35 g

1 Hähnchenfilets trockentupfen, waagrecht halbieren und flach drücken. 1 EL Olivenöl mit Zitronensaft und Kräutern verrühren und das Fleisch rundum damit einpinseln.
2 Brokkoli waschen, putzen und in Röschen teilen, Stiele schälen und klein schneiden. In leicht gesalzenem Wasser 3–4 Minuten bei mittlerer Hitze bissfest kochen. Abgießen, abschrecken und warm stellen.
3 In einer beschichteten Pfanne 1/2 EL Öl erhitzen. Das Fleisch abtropfen lassen, von jeder Seite 2 Minuten braten. Herausnehmen, salzen, pfeffern und warm stellen.
4 Das restliche Öl mit Butter und Mandelblättchen in eine Pfanne geben und erhitzen. Den Brokkoli darin schwenken, salzen und peffern. Mit den Hähnchenschnitzeln anrichten. Dazu passt 100 g frischer Kartoffelschnee pro Portion: Dafür 200 g Kartoffeln in Salzwasser kochen, pellen und durch die Kartoffelpresse drücken.

1 *Zitronen-Geschnetzeltes*

2 *Thaigemüse mit Putenstreifen*

3 *Hähnchenschnitzel mit Mandel-Brokkoli*

Kaninchen mit Artischocken

FÜR 6 PERSONEN
FÜR FREUNDE

1 küchenfertiges Kaninchen (ca. 1,4 kg) ♦ Salz ♦ Pfeffer ♦ 400 g Schalotten ♦ 4 Knoblauchzehen ♦ 2 Zweige Rosmarin ♦ 1/2 Bund Thymian ♦ 1/2 Bund Petersilie ♦ 500 g kleine Artischocken ♦ Saft von 1/2 Zitrone ♦ 3 EL Olivenöl ♦ 1/8 l Rotwein ♦ 1/4 l Hühnerbrühe ♦ 600 g Tomaten

Zubereitungszeit: 45 Min. ♦ Schmorzeit: 1 Std. ♦ Eiweißgehalt: 45 g

1 Kaninchen in 6 Teile zerlegen, waschen, trockentupfen, salzen und pfeffern. Schalotten schälen und halbieren. Knoblauch schälen und in dünne Scheiben schneiden. Kräuter abbrausen und trockentupfen.

2 Von den Artischocken Stiele und äußere harte Blätter entfernen. Das obere Drittel der Artischocken abschneiden, die Früchte längs vierteln und in Zitronenwasser legen.

3 In einem Topf 2 EL Öl erhitzen und die Kaninchenteile darin bei mittlerer Hitze in 20 Minuten unter Wenden goldbraun braten. Herausnehmen und warm stellen.

4 Das restliche Öl erhitzen und die Schalotten darin 5 Minuten braten. Artischocken und Knoblauch kurz mitbraten. Wein zugießen und verdampfen lassen. Rosmarin- und Thymianzweige zugeben, salzen und pfeffern. Kaninchenteile in den Topf geben, 1/8 l Brühe angießen und zugedeckt bei milder Hitze 45 Minuten schmoren. Nach und nach die restliche Brühe zugießen.

5 Tomaten waschen und vierteln. Zum Fleisch geben und 15 Minuten mitschmoren. Petersilienblättchen abzupfen, hacken und auf das fertige Gericht streuen. Mit 2 Scheiben Baguette (ca. 30 g) pro Person anrichten.

Kalbsröllchen mit grünen Bohnen

FÜR 4 PERSONEN
FÜR FREUNDE

100 g zarte grüne Bohnen ♦ Salz ♦ 4 dünne Kalbschnitzel (je ca. 100 g) ♦ 4 dünne Scheiben Parmaschinken (ca. 40 g) ♦ 4 Salbeiblätter ♦ Pfeffer ♦ 2 EL Olivenöl ♦ 1/8 l trockener Weißwein ♦ 1/8 l Kalbsfond (Glas) ♦ 2 EL Sojacreme (Reformhaus) ♦ 1 EL Dijon-Senf ♦ 1/2 Bund Petersilie ♦ Holzstäbchen

Zubereitungszeit: 45 Min. ♦ Eiweißgehalt: 33 g

1 Die Bohnen waschen, putzen und in Salzwasser in 7 Minuten bissfest garen. Abgießen, abschrecken und abtropfen lassen.
2 Schnitzel trockentupfen und flach streichen. Mit Schinken, Salbei und Bohnen belegen. Pfeffern, aufrollen und feststecken.
3 In einer Pfanne das Öl erhitzen und die Rouladen darin bei starker Hitze rundum 5 Minuten braten. Wein und Fond angießen, Deckel schließen und 10 Minuten schmoren.
4 Die Kalbsröllchen herausnehmen und warm stellen. Sojacreme und Senf unter die Sauce rühren, salzen und pfeffern. 3 Minuten einköcheln lassen. Petersilie abbrausen, trockentupfen, Blätter abzupfen und fein hacken. Kurz vor dem Servieren unter die Sauce rühren und mit den Röllchen sowie 50 g schmalen Bandnudeln pro Person anrichten.

Tipp

Wer mag, kann zusätzlich noch 200 g grüne Bohnen als Gemüsebeilage reichen. Diese blanchieren und kurz in 1 EL Olivenöl schwenken. Mit Salz und Pfeffer würzen.

Roastbeef mit Bechamel-Blumenkohl

FÜR 4 PERSONEN
SCHMECKT AUCH KINDERN

1 Blumenkohl (ca. 1 kg) ♦ Salz ♦ 1 EL Rapsöl ♦ 2 EL Weizenmehl (Type 1050) ♦ 1 EL Voll-Sojamehl (Reformhaus) ♦ 150 ml fettarme Milch ♦ Pfeffer ♦ frisch geriebene Muskatnuss ♦ 1–2 TL Zitronensaft ♦ 1 Bund Petersilie ♦ 200 g Roastbeef-Aufschnitt

Zubereitungszeit: 30 Min. ♦ Eiweißgehalt: 18 g

1 Den Blumenkohl waschen, putzen und in nicht zu kleine Röschen teilen. In kochendem Salzwasser in 5 Minuten bissfest garen. Herausheben, abschrecken, zugedeckt warm stellen. 1/2 l Kochwasser aufbewahren.
2 Das Öl in einem breiten Topf erhitzen, das Weizen- und Sojamehl darüber stäuben und kurz anschwitzen. Das Blumenkohl-Kochwasser hinzufügen und unter Rühren aufkochen. Die Milch einrühren und bei kleiner Hitze 5 Minuten köcheln lassen. Mit Salz, Pfeffer, Muskat und Zitronensaft abschmecken.
3 Den Blumenkohl unter die Sauce heben und 2 Minuten darin erhitzen. Petersilie abbrausen, trockentupfen, Blätter abzupfen und fein hacken. Unter das Gemüse heben, mit den Roastbeefscheiben und je 2 kleinen Pellkartoffeln (ca. 100 g) pro Person anrichten.

Tipp

Voll-Sojamehl aus dem Reformhaus kann in vielen Rezepten die Eier ersetzen und macht Saucen cremiger. Es enthält ca. 20 Prozent Sojafett und reichlich Lezithin, das ein wichtiger Biostoff für Nerven und Gehirn ist.

Cevapcici mit Paprika-Tomaten-Sugo

FÜR 4 PERSONEN
SCHMECKT AUCH KINDERN

4 Knoblauchzehen ♦ 500 g Tatar ♦ 2 EL Olivenöl ♦ 1 1/2 TL edelsüßes Paprikapulver ♦ 1/2 TL rosenscharfes Paprikapulver ♦ Salz ♦ Pfeffer ♦ je 1/2 kleine rote, grüne und gelbe Paprikaschote ♦ 3 Schalotten ♦ 800 g reife Tomaten ♦ 3 EL Olivenöl

Zubereitungszeit: 50 Min. ♦ Eiweißgehalt: 29 g

1 2 Knoblauchzehen schälen und zum Tatar in eine Schüssel drücken. Mit 1 EL Olivenöl, 1 EL kaltem Wasser, beiden Paprikasorten, Salz und Pfeffer zu einem glatten Teig verkneten. Daraus mit feuchten Händen 16 kleine Rollen von je 8 cm Länge formen. Zugedeckt 10 Minuten kalt stellen.
2 Paprika von Samen und Scheidewänden befreien, waschen und sehr klein würfeln. Schalotten und restlichen Knoblauch schälen und würfeln. Tomaten überbrühen, häuten und in kleine Würfel schneiden.
3 2 EL Öl in einem Topf erhitzen und die Schalotten darin bei mittlerer Hitze 3 Minuten dünsten. Paprika und Knoblauch zugeben und 2 Minuten mitdünsten. Tomaten hinzufügen und unter Rühren 20 Minuten köcheln lassen, umrühren. Salzen und pfeffern.
4 Eine Grillpfanne stark erhitzen. Cevapcici mit etwas Öl bestreichen und rundum 10 Minuten braten. Mit dem Tomatensugo und 50 g Spiralnudeln pro Person servieren.

➤ ***Variante:*** Im Sommer können Sie die Cevapcici auch gut auf dem Rost eines Holzkohlengrills rundum 8 Minuten grillen und dabei immer wieder mit wenig Öl bepinseln.

Chinapfanne mit Entenbrust

FÜR 2 PERSONEN
FÜR FREUNDE

250 g junger Weiß- oder Spitzkohl ♦ 1 kleine Möhre ♦ 3 Frühlingszwiebeln ♦ 2 Knoblauchzehen ♦ 1 kleine Zwiebel ♦ 1 walnussgroßes Stück Ingwer ♦ 1/2 Entenbrustfilet (ca. 150 g) ♦ 1 EL Erdnussöl ♦ 100 ml Hühnerbrühe ♦ 2 EL Sojasauce ♦ Salz ♦ Pfeffer ♦ 2 TL Sesam

Zubereitungszeit: 25 Min. ♦ Eiweißgehalt: 18 g

1 Den Kohl waschen, putzen und in möglichst feine Streifen schneiden oder hobeln. Möhre schälen und in dünne Stifte schneiden. Die Frühlingszwiebeln waschen, putzen, längs halbieren und in 3 cm lange Stücke schneiden. Knoblauch, Zwiebel und Ingwer schälen und fein hacken.

2 Entenbrustfilet häuten, waschen, trockentupfen und in feine Streifen schneiden.

3 In einem Wok oder einer Pfanne 1 TL Öl erhitzen und das Fleisch darin unter ständigem Rühren 2–3 Minuten anbraten. Herausnehmen und beiseite stellen.

4 Kohl, Möhre, Frühlingszwiebeln, Knoblauch, Zwiebeln und Ingwer im restlichen Öl unter Rühren 5 Minuten braten. Entenfleisch und Brühe zugeben und bei starker Hitze noch 1 Minuten kräftig köcheln lassen. Mit Sojasauce, Salz und Pfeffer würzen und mit Sesam bestreuen. Dazu passen 50 g gekochter Naturreis pro Person.

1 *Roastbeef mit Bechamel-Blumenkohl*

2 *Cevapcici mit Paprika-Tomaten-Sugo*

3 *Chinapfanne mit Entenbrust*

Lammspieße mit Zwiebel-Joghurt-Sauce

FÜR 2 PERSONEN
GEHT GANZ LEICHT

200 g Lammfleisch aus der Schulter ♦ 1 Knoblauchzehe ♦ 1 EL Olivenöl ♦ 1 TL gehackter Rosmarin (frisch oder getrocknet) ♦ Pfeffer ♦ 150 g kleine Zucchini ♦ 6 Lorbeerblätter ♦ 1 kleine rote Zwiebel ♦ 200 g Naturjoghurt ♦ 2 TL Zitronensaft ♦ 1/2 TL gemahlener Kreuzkümmel ♦ Salz

Zubereitungszeit: 40 Min. ♦ Eiweißgehalt: 25 g

1 Das Fleisch waschen, trockentupfen, von Fett und Sehnen befreien und in 1 1/2 cm große Würfel schneiden. Den Knoblauch schälen und durch die Presse in eine Schüssel drücken. Mit Öl, Rosmarin und Pfeffer mischen. Das Fleisch darin wenden und 15 Minuten ziehen lassen.
2 Die Zucchini waschen, putzen und in knapp 1 cm dicke Scheiben schneiden. Abwechselnd Lammfleisch, Zucchinischeiben und Lorbeerblätter auf zwei Schaschlikspieße stecken. Eine Pfanne stark erhitzen und die Spieße darin 10–15 Minuten kräftig braten.
3 Für die Sauce die Zwiebel schälen und sehr fein würfeln. Mit Joghurt, Zitronensaft, Kreuzkümmel, Salz und Pfeffer verrühren. Die Lammspieße salzen und mit der Joghurtsauce sowie 1 kleinen Stück Fladenbrot oder 2 Scheiben Baguette (ca. 30 g) servieren.

Tipp

Keine Zeit für Spieße? Dann Lammfleisch in dünne Scheiben schneiden, marinieren und mit den Zucchini in einer Pfanne braun braten.

Wildmedaillons mit Champingnonragout

FÜR 2 PERSONEN
FÜR FREUNDE

200 g Hasen- oder Rehrückenfilet ♦ Pfeffer ♦ 300 g kleine Champignons ♦ 2 Schalotten ♦ 1 EL Rapsöl ♦ 1 TL Butter ♦ Salz ♦ 1 gehäufter TL Weizenmehl (Type 1050) ♦ 1/8 l Wildfond (aus dem Glas) ♦ 1 TL körniger Senf ♦ 4 EL Sahne ♦ 1/2 Bund Petersilie

Zubereitungszeit: 30 Min. ♦ Eiweißgehalt: 28 g

1 Das Filet waschen, trockentupfen und in 6–8 Medaillons schneiden. Diese aufrecht stellen und mit der Hand flach drücken. Rundum kräftig mit Pfeffer einreiben. Champignons putzen und abreiben, je nach Größe halbieren. Die Schalotten schälen und in feine Würfel schneiden.
2 Öl und Butter in einer Pfanne erhitzen und die Medaillons darin bei mittlerer Hitze auf jeder Seite 2–3 Minuten braten. Das Fleisch aus der Pfanne nehmen, salzen, in Alufolie wickeln und warm stellen.
3 Schalotten und Champignons im verbliebenen Bratfett unter Rühren 3 Minuten braten. Mit Mehl bestäuben, kurz anschwitzen und mit dem Fond ablöschen. Unter Rühren Senf und Sahne einrühren und das Ragout 5 Minuten bei mittlerer Hitze leicht cremig einkochen lassen.
4 Petersilie waschen, trockentupfen, Blätter abzupfen und fein hacken. Unter das Pilzragout mischen und mit Salz und Pfeffer würzen. Den ausgetretenen Fleischsaft unter das Ragout rühren und mit 50 g bissfest gekochten Bandnudeln (pro Portion) zu den Wildmedaillons servieren.

➤ ***Variante:*** Die Champignons können Sie durch gemischte Wildpilze ersetzen.

Kleine GLYX-Seligkeiten und Salate

Die leichte Küche für jede Gelegenheit

Einmal am Tag sollte es etwas Kleines sein. Etwas ganz Leichtes, das uns dafür aber mit umso mehr Energie versorgt. Etwas, das man ins Büro mitnehmen kann. Oder das man auch schnell am Abend Freunden zum Wein serviert, wenn möglich blitzschnell zubereitet. Oder aber es soll Kindern schmecken. Vielleicht soll es auch mal raffinierter sein als das, was so gemeinhin gekocht wird. Eben einfach anders. Hier finden Sie viele Anregungen, die nicht nur den Gaumen freuen.

Puten-Wraps mit Spinat

FÜR 2 PERSONEN
FÜRS BÜRO

4 EL Dinkelmehl Type 630 ♦ 2 EL zarte Haferflocken ♦ Salz ♦ 3 TL Olivenöl ♦ 100 g Blattspinat ♦ 1 kleine Frühlingszwiebel ♦ 50 g geräucherter Putenbrustaufschnitt ♦ 2 EL Quarkcreme ♦ 1 TL Zitronensaft ♦ Pfeffer

Zubereitungszeit: 30 Min. ♦ Eiweißgehalt: 12 g

1 Das Mehl mit den Haferflocken und 1/4 TL Salz mischen. Mit 1/8 l Wasser und 1 TL Öl verrühren und 10 Minuten quellen lassen.
2 Den Spinat waschen, putzen und verlesen. In kochendem Salzwasser 1 Minute blanchieren. Abschrecken, abgießen, gut ausdrücken und fein hacken.
3 Die Frühlingszwiebel waschen, putzen und in feine Ringe schneiden. Die Putenbrust in Streifen schneiden. Quarkcreme mit Zitronensaft, Salz und Pfeffer verrühren.
4 Eine beschichtete Pfanne (Ø 24 cm) erhitzen. Pro Fladen 1 TL Öl hineingeben, die Hälfte des Teigs zugießen und bei mittlerer Hitze zu dünnen Fladen ausbacken.
5 Die Quark-Mischung auf den Wraps verteilen und mit Spinat, Frühlingszwiebeln und Putenstreifen belegen. Salzen und pfeffern. Die Teigfladen zu Wraps aufwickeln, mit Holzstäbchen zustecken und sofort servieren.

Tipp

Wraps sind ein super Imbiss fürs Büro. Dafür in Pergamentpapier einschlagen und kalt essen oder kurz in der Mikrowelle erhitzen.

Der Münchner im Himmel sagt: Halleluja, so mag sogar ich die Paradiesäpfel.

Gefüllte Tomate mit Bulgur

FÜR 1 PERSON
BLITZSCHNELL GEMACHT

75 ml Gemüsebrühe ♦ 30 g Bulgur ♦ 1 große Tomate ♦ 1 Frühlingszwiebel ♦ 1 Hand voll Rucola ♦ 4 schwarze Oliven ♦ Salz ♦ Pfeffer ♦ 2 TL Zitronensaft ♦ 1 EL Olivenöl ♦ 1/4 l Kefir

Zubereitungszeit: 20 Min. ♦ Eiweißgehalt: 14 g

1 Die Brühe aufkochen und den Bulgur einstreuen. Zugedeckt bei schwacher Hitze in 10 Minuten ausquellen lassen.
2 Die Tomate waschen, einen Deckel abschneiden, das Fruchtfleisch mit einem Löffel herauslösen und fein hacken. Frühlingszwiebel waschen, putzen und in feine Röllchen schneiden. Rucola waschen, putzen und bis auf zwei Blätter grob hacken. Oliven vom Stein befreien und fein würfeln.
3 Vorbereitete Zutaten mit Salz, Pfeffer, Zitronensaft und Öl unter den Bulgur mischen und in die Tomate füllen. Deckel auflegen und mit der restlichen Füllung anrichten. Den Kefir dazu trinken.

Pikanter Rohkost-Mix

FÜR 2 PERSONEN
GEHT GANZ LEICHT

2 kleine Möhren ♦ 1 kleiner Kohlrabi ♦ Salz ♦ 2 EL Zitronensaft ♦ 2 Frühlingszwiebeln ♦ 1 rote Chilischote ♦ 2 EL Rapsöl ♦ 2 TL Sesam ♦ 2 EL Weißweinessig ♦ 1 TL Sesamöl ♦ Pfeffer ♦ 1/2 l Buttermilch

Zubereitungszeit: 20 Min. ♦ Eiweißgehalt: 6 g

1 Möhren und Kohlrabi putzen, schälen und getrennt fein raspeln. Jeweils mit Salz und Zitronensaft würzen und nebeneinander auf zwei Tellern anrichten. Frühlingszwiebeln waschen, putzen, in Röllchen schneiden und über die Gemüseraspel streuen. Chili halbieren, von Samen und Scheidewänden befreien, waschen und fein würfeln.

2 1 EL Öl in einer kleinen Pfanne erhitzen und den Sesam darin braten. Chiliwürfel zugeben und kurz mitbraten. Die Pfanne vom Herd nehmen und mit Essig ablöschen. Das restliche Rapsöl und das Sesamöl unterrühren, salzen, pfeffern und über die angerichtete Rohkost träufeln. Mit je 1 Glas Buttermilch und 1/2 Scheibe GLYX- oder Roggen-Vollkornbrot (ca. 30 g) servieren.

Spargel-Erdbeer-Carpaccio

FÜR 2 PERSONEN
FÜR FREUNDE

300 g weißer Spargel ♦ 100 g kleine Erdbeeren ♦ 1 Hand voll zarter Blattspinat ♦ 2 EL kaltgepresstes Rapsöl ♦ 3 EL Zitronensaft ♦ 1 TL Apfeldicksaft ♦ Salz ♦ Pfeffer ♦ 6 eingelegte grüne Pfefferkörner ♦ 2 EL Crème légère (ersatzweise Schmand)

Zubereitungszeit: 25 Min. ♦ Eiweißgehalt: 4 g

1 Spargel putzen, schälen und schräg in sehr dünne Scheiben schneiden. Die Erdbeeren abbrausen, putzen und ebenfalls in Scheiben schneiden. Den Spinat waschen, trockenschleudern und die harten Stängel abknipsen.

2 Zwei Teller mit je 1 TL Rapsöl einpinseln und mit Spinat auslegen. Spargel und Erdbeeren überlappend darauf anrichten.

3 Zitronen- und Dicksaft, Salz, Pfeffer und restliches Öl verquirlen. Pfefferkörner zerdrücken und unter die Sauce mischen. Über den Spargel-Erdbeer-Mix träufeln und je 1 Klecks Crème légère darauf setzen. 2 Scheiben Vollkorntoast rösten und dazu servieren.

Radicchio mit Käsesauce

FÜR 2 PERSONEN
FÜR FREUNDE

1 EL Kürbiskerne ♦ 1 Radicchio (ca. 150 g) ♦ 4 Kirschtomaten ♦ 3 Schnittlauchhalme ♦ 50 g Ziegen-Frischkäse ♦ 150 g Magerjoghurt ♦ 1 EL Orangensaft ♦ 1 kleine Knoblauchzehe ♦ Salz ♦ Pfeffer

Zubereitungszeit: 20 Min. ♦ Eiweißgehalt: 10 g

1 Die Kürbiskerne in einer Pfanne ohne Fett rösten, beiseite stellen und abkühlen lassen. Vom Radicchio die äußeren Blätter entfernen, den Salatkopf waschen, trockentupfen und längs in Spalten schneiden. Tomaten abbrausen und in Scheiben, Schnittlauch waschen und in Röllchen schneiden.

2 Für das Dressing den Ziegenkäse mit Joghurt und Orangensaft pürieren. Knoblauch schälen, dazupressen, salzen und pfeffern.

3 Radicchio und Tomaten dekorativ auf zwei Tellern anrichten und mit der Frischkäsesauce begießen. Mit Kürbiskernen und Schnittlauch bestreuen und mit je 1 kleinen Scheibe Vollkornbrot (ca. 30 g) servieren.

Marinierte Kräuter-Pilze

FÜR 2 PERSONEN
FÜRS BÜRO

400 g gemischte Pilze (z. B. Champignons, Austernpilze, Pfifferlinge) ♦ 2 EL Olivenöl ♦ 1 Knoblauchzehe ♦ 1 TL gehackter Thymian ♦ 2 EL Weißweinessig ♦ 2 TL Aceto balsamico ♦ Salz ♦ Pfeffer ♦ 1/2 Bund Petersilie

Zubereitungszeit: 15 Min. ♦ Marinierzeit: 4 Std. ♦ Eiweißgehalt: 5 g

1 Pilze putzen und abreiben. Je nach Größe ganz lassen oder zerkleinern.

2 1 EL Olivenöl in einer beschichteten Pfanne erhitzen und die Pilze darin unter ständigem Rühren bei mittlerer Hitze 5 Minuten braten. Den Knoblauch schälen und dazupressen. Die Pilze mit Thymian würzen.

3 Essige, Salz, Pfeffer und restliches Öl verrühren. Die Pilze unterrühren und zugedeckt 4 Stunden oder über Nacht ziehen lassen.

4 Petersilie abbrausen, trockentupfen. Blättchen abzupfen, hacken und über die angerichteten Pilze streuen. Mit einer Scheibe Roggen-Sauerteigbrot (ca. 30 g) servieren.

Mohnreis auf Himbeeren

FÜR 1 PERSON
SCHMECKT AUCH KINDERN

1/2 Vanilleschote ♦ 100 ml fettarme Milch ♦ 30 g Milchreis ♦ 2 TL gemahlener Mohn ♦ 1 TL Birnendicksaft ♦ 100 g Himbeeren

Zubereitungszeit: 30 Min. ♦ Eiweißgehalt: 9 g

1 Vanilleschote aufschlitzen, Mark herauskratzen und mit der Milch aufkochen. Reis und Mohn einrieseln und zugedeckt bei kleiner Hitze 25 Minuten quellen lassen.
2 Den Mohnreis mit Birnendicksaft süßen und auf einem Teller anrichten. Die Himbeeren verlesen, kurz abbrausen, vorsichtig trockentupfen und auf dem Reis verteilen.

Tofu mit Orangen-Soja-Dressing

FÜR 2 PERSONEN
GEHT GANZ LEICHT

200 g Tofu ♦ 2 EL Sojasauce ♦ 1 TL Honig ♦ 2 EL Zitronensaft ♦ 1 Knoblauchzehe ♦ 1 Orange ♦ 2 EL Olivenöl ♦ Salz ♦ Pfeffer ♦ 1/2 kleine rote Zwiebel ♦ 4 Zweige Petersilie

Zubereitungszeit: 20 Min. ♦ Marinierzeit: 30 Min. ♦ Eiweißgehalt: 9 g

1 Den Tofu in 1/2 cm dünne Scheiben schneiden. Sojasauce, Honig und Zitronensaft verrühren. Knoblauch schälen, dazupressen und unterrühren. Tofu in der Marinade wenden und 30 Minuten ziehen lassen.
2 Orange so schälen, dass auch die weiße Haut entfernt wird. Halbieren und in Scheiben schneiden, Saft dabei auffangen.
3 Tofu- und Orangenscheiben überlappend auf einer Platte anrichten. Die Tofu-Marinade mit Orangensaft und Olivenöl verrühren, salzen und pfeffern. Über die Tofu- und Orangenscheiben träufeln.
4 Die Zwiebel schälen und fein würfeln. Petersilie abbrausen, trockentupfen, die Blättchen abzupfen und fein hacken. Beides über den Tofu streuen. Dazu je 1 kleine Scheibe GLYX-Brot (ca. 30 g) reichen.

Gratinierte Zucchini

FÜR 2 PERSONEN
GEHT GANZ LEICHT

250 g Zucchini ♦ Salz ♦ 1/2 Bund Petersilie ♦ 4 Basilikumblätter ♦ 6 Walnusskerne ♦ 2 Knoblauchzehen ♦ 1 EL Vollkorn-Semmelbrösel ♦ 2 EL Olivenöl ♦ abgeriebene Schale von 1/2 unbehandelten Zitrone ♦ Pfeffer ♦ 2 EL frisch geriebener Parmesan

Zubereitungszeit: 30 Min. ♦ Backzeit: 15 Min. ♦ Eiweißgehalt: 7 g

1 Die Zucchini waschen, putzen und schräg in dünne Scheiben schneiden. Mit Salz bestreuen und 15 Minuten ziehen lassen.
2 Den Backofen auf 220° vorheizen. Die Kräuter abbrausen und trockentupfen, die Blätter abzupfen und mit den Nüssen fein hacken. Knoblauch schälen und zerdrücken. Kräuter, Nüsse, Knoblauch, Brösel und 1 EL Olivenöl gründlich vermengen und mit Zitronenschale, Salz und Pfeffer würzen.
3 Zucchini trockentupfen und leicht überlappend in eine Gratinform legen. Mit der Kräutermischung und Parmesan bestreuen, mit dem restlichen Öl beträufeln. Im Ofen (Mitte, Umluft 200°) 15 Minuten knusprig überbacken. Dazu pro Portion 1 Scheibe Vollkorntoast servieren.

Gedämpfte Mangoldröllchen

FÜR 2 PERSONEN
FÜR FREUNDE

4 große Mangoldblätter ♦ Salz ♦ 1 Knoblauchzehe ♦ 1/2 rote Chilischote ♦ 1 EL Olivenöl ♦ 50 g Couscous ♦ 180 ml Gemüsebrühe ♦ Pfeffer ♦ 1 Prise Zimt ♦ 1/2 unbehandelte Zitrone ♦ 150 g Naturjoghurt

Zubereitungszeit: 40 Min. ♦ Eiweißgehalt: 7 g

1 Die Mangoldblätter waschen und putzen. Die Stiele abschneiden und in sehr kleine Würfel schneiden. Die Blätter in kochendem Salzwasser 1 Minuten blanchieren, abgießen und abschrecken. Gut abtropfen lassen. Knoblauch schälen, Chili von Samen und Scheidewänden befreien und waschen. Beide so klein wie möglich würfeln.

2 Das Öl erhitzen und darin Knoblauch, Chili und Mangoldstiele 2 Minuten braten. Den Couscous unterrühren und kurz anbraten. Mit Brühe aufgießen, rühren und 5 Minuten quellen lassen. Vom Herd nehmen, mit Salz, Pfeffer und Zimt würzen.

3 Mangoldblätter nebeneinander auf die Arbeitsfläche legen. Je 1 gehäuften Esslöffel Füllung auf das untere Ende setzen, die Ränder seitlich einschlagen und aufrollen.

4 In einem Topf mit passendem Dämpfeinsatz eine Handbreit Salzwasser zum Kochen bringen. Die Zitrone in Scheiben schneiden. Die Mangoldröllchen in den Dämpfeinsatz setzen, mit den Zitronenscheiben belegen und 10 Minuten dämpfen.

5 Den Joghurt mit Salz und Pfeffer cremig rühren und zu den Röllchen servieren.

➤ ***Variante:*** Die kalten Mangoldröllchen können Sie mit dem Joghurt-Dip als kleine Mahlzeit im Büro genießen.

Chinakohl-Frittata

FÜR 4 PERSONEN
FÜR FREUNDE

1/2 kleiner Chinakohl (ca. 200 g) ♦ 2 Tomaten ♦ 50 g Maiskörner (aus der Dose) ♦ 4 Eier ♦ 2 EL fettarme Milch ♦ 2 Knoblauchzehen ♦ Salz ♦ Pfeffer ♦ 2 EL Olivenöl ♦ 1 TL Butter ♦ 2 EL Kürbiskerne ♦ 30 g frisch geriebener Parmesan

Zubereitungszeit: 30 Min. ♦ Eiweißgehalt: 14 g

1 Chinakohl halbieren, waschen, putzen, vom Strunk befreien und quer in feine Streifen schneiden. Harte Blattrippen entfernen und würfeln. Die Tomaten überbrühen, abschrecken, häuten und entkernen, das Fruchtfleisch klein würfeln. Den Mais in einem Sieb abtropfen lassen.

2 Eier und Milch mit dem geschälten, zerdrückten Knoblauch verrühren. Tomaten und Mais unterrühren, salzen und pfeffern.

3 Öl und Butter in einer beschichteten Pfanne (Ø 24 cm) erhitzen. Chinakohlstiele und -blätter darin 3 Minuten zugedeckt dünsten. Die Eiermischung darüber gießen und ohne Rühren bei mittlerer Hitze 5–7 Minuten offen garen lassen, bis die Unterseite der Frittata goldbraun und kross ist.

4 Frittata mit Kürbiskernen und Parmesan bestreuen und zugedeckt bei mittlerer Hitze weitere 5 Minuten braten. Heiß aus der Pfanne servieren oder abkühlen lassen.

Tipp

Die Fritatta ist vielseitig: Sie kann nicht nur als Kleinigkeit oder Vorspeise für vier, sondern auch als Mittagessen für zwei Personen serviert werden. Ein frischer grüner Salat rundet die Sache dann ab.

Forellenfilet mit Avocadocreme

FÜR 2 PERSONEN
FÜR FREUNDE

1/2 reife Avocado ♦ 1 EL Zitronensaft ♦ 100 g Magerquark ♦ 2 TL geriebener Meerrettich ♦ Salz ♦ Cayennepfeffer ♦ 2 geräucherte Forellenfilets (etwa 100 g) ♦ 1/2 Kästchen Kresse

Zubereitungszeit: 10 Min. ♦ Eiweißgehalt: 19 g

1 Das Fruchtfleisch der Avocado aus der Schale lösen und mit Zitronensaft beträufeln, zerdrücken und mit Quark, Meerrettich, Salz sowie etwas Cayennepfeffer gründlich verrühren.

2 Die Forellenfilets mit der Avocadocreme anrichten. Die Kresse abbrausen und darüber abschneiden. Dazu pro Person 2 Scheiben frisches Baguette (ca. 30 g) reichen.

➤ ***Variante:*** Für einen Hauch von Luxus mit Forellen- oder Ketakaviar garnieren.

Thunfisch auf Rettich-Carpaccio

FÜR 2 PERSONEN
FÜR FREUNDE

1 TL Sesam ♦ 200 g frisches Thunfischfilet ♦ Salz ♦ Pfeffer ♦ 2 EL Sojaöl ♦ 300 g Rettich ♦ 1 EL Obstessig ♦ 2 EL Zitronensaft ♦ 1/2 TL fein geriebener Ingwer ♦ 1 TL Sesamöl ♦ 1 EL Schnittlauchröllchen

Zubereitungszeit: 30 Min. ♦ Eiweißgehalt: 23 g

1 Den Sesam in einer Pfanne ohne Fett rösten, abkühlen lassen. Den Thunfisch waschen, trockentupfen, salzen und pfeffern.

2 Eine Pfanne mit 1 TL Sojaöl einpinseln, erhitzen und den Fisch darin 5 Minuten braten. In Alufolie 10 Minuten ziehen lassen.

3 Den Rettich schälen und in sehr dünne Scheiben schneiden. Auf zwei großen Tellern verteilen, leicht salzen. Essig, Zitronensaft, Ingwer, Salz und Pfeffer mit dem Sesamöl sowie dem restlichen Sojaöl verrühren.

5 Den Thunfisch in dünne Scheiben schneiden und auf dem Rettich anrichten. Mit der Sauce beträufeln und mit Sesam und Schnittlauch bestreuen. Dazu pro Person 1 Scheibe Vollkorntoast reichen.

Makrelen-Toast

FÜR 4 PERSONEN
GEHT GANZ LEICHT

1 geräuchertes Makrelenfilet (ca. 200 g) ♦ 150 g Salatgurke ♦ 2–3 Blätter Kopfsalat ♦ 4 Scheiben Vollkorntoast (ca. 80 g) ♦ 4 TL fettarmer Frischkäse mit Joghurt ♦ 2 TL Dijon-Senf ♦ Pfeffer ♦ 2 Zweige Dill

Zubereitungszeit: 20 Min. ♦ Eiweißgehalt: 13 g

1 Filet häuten und grob in Stücke schneiden. Gurke schälen und in 1/2 cm dicke Scheiben schneiden. Salatblätter waschen, trockenschleudern und in Stücke zupfen.

2 Die Toastbrote rösten. Noch warm mit 1 TL Frischkäse und 1/2 TL Senf bestreichen. Salat und Gurkenscheiben darauf verteilen und mit den Makrelenstücken belegen. Pfeffern und mit Dill garnieren.

Tipp

Wie wäre es mit diesem herzhaften Toast zum Frühstück oder zum Sonntagsbrunch?

Hähnchenbrust mit Paprika-Vinaigrette

FÜR 2 PERSONEN
BLITZSCHNELL GEMACHT

100 g gegarter Hähnchenbrust-Aufschnitt ♦ je 1 kleine rote und gelbe Paprikaschote ♦ 2 Frühlingszwiebeln ♦ 2 EL Olivenöl ♦ 1 EL Weißweinessig ♦ 1 EL Zitronensaft ♦ 1 EL Kapern ♦ Salz ♦ Pfeffer ♦ 2 Zweige Basilikum

Zubereitungszeit: 15 Min. ♦ Eiweißgehalt: 13 g

1 Den Aufschnitt auf zwei Tellern leicht überlappend anrichten. Paprika halbieren, von Samen und Scheidewänden befreien, waschen und klein würfeln. Frühlingszwiebeln waschen, putzen und in Ringe schneiden.
2 Paprika und Frühlingszwiebeln in 1/2 EL Öl 2 Minuten braten. Vom Herd nehmen. Mit Essig, Zitronensaft, Kapern, restlichem Öl, Salz und Pfeffer verrühren.
3 Die Vinaigrette über die Hähnchenscheiben träufeln. Basilikum abbrausen, trockentupfen, große Blätter in Stücke zupfen und über die Hähnchenbrust streuen. Dazu schmeckt eine kleine Scheibe GLYX-Brot (Rezept Seite 118) oder Vollkornbrot.

Tipp

Mit Kochen nichts am Hut? Dann Paprika und Frühlingszwiebeln nur sehr klein würfeln und roh unter die Vinaigrette mischen.

1

2

3

1 *Thunfisch*

2 *Makrelen-Toast*

3 *Hähnchenbrust*

GLYX-Salat in fünferlei Varianten

FÜR 1 PERSON
GEHT GANZ LEICHT

100 g gemischte grüne Salatblätter (z. B. Kopfsalat, Romana, Lollo rosso, Feldsalat, Frisée, Eichblatt, Batavia) ♦ 2 EL GLYX-Vinaigrette (Rezept Seite 126)

1 Die Salatblätter waschen, trockenschleudern, putzen und in Stücke zupfen.
2 In einer Schüssel mit der Vinaigrette vermischen und als Basic-Salat servieren. Oder mit einer der folgenden fünf Geschmacks-Varianten abwandeln:

➤ ***frisch:*** 1 EL gehackte Kräuter (z. B. Petersilie, Schnittlauch oder Dill) unter die Vinaigrette rühren. 100 g Salatgurke schälen, mit 4 Radieschen in dünne Scheiben schneiden und unter den Salat heben.
➤ ***fruchtig:*** 1 Saftorange so schälen, dass die weiße Haut entfernt wird. Die Frucht halbieren und in Scheiben schneiden. Die GLYX-Vinaigrette zusätzlich mit 1 EL Orangensaft und 2 TL Zitronensaft abschmecken. Orangenscheiben, 4 grüne Oliven und 1 gewürfelte Schalotte unter den Salat mischen und mit der Vinaigrette beträufeln.
➤ ***pikant:*** Eine Salatschüssel mit 1/2 Knoblauchzehe ausreiben. Vinaigrette mit 1 TL gehacktem Thymian verfeinern. Je 1/2 rote und gelbe Spitzpaprika würfeln und mit 2 TL kleinen Kapern unter den Salat heben.
➤ ***mediterran:*** Den Salat mit je 1 Hand voll Rucola und Radicchio, 4 halbierten Kirschtomaten und 1 kleinen, fein gewürfelten roten Zwiebel ergänzen.
➤ ***asiatisch:*** Die Vinaigrette mit je 1 EL Sojasauce und gehacktem Koriander abschmecken. 75 g grob geraspelten Rettich und 1 Frühlingszwiebel in Röllchen hinzufügen.

Sauerkrautsalat mit Birnen

FÜR 2 PERSONEN
GEHT GANZ LEICHT

250 g Sauerkraut ♦ 1 Birne (z. B. Forelle, ca. 200 g) ♦ 1 Schalotte ♦ 1 EL Weißweinessig ♦ 2 TL Birnendicksaft ♦ 1 EL ungesüßter Apfel- oder Birnensaft ♦ Salz ♦ Pfeffer ♦ 1 EL Rapsöl ♦ 5 Halme Schnittlauch ♦ 4 Blätter Kopfsalat ♦ 2 EL saure Sahne

Zubereitungszeit: 25 Min. ♦ Eiweißgehalt: 2 g

1 Das Sauerkraut bei Bedarf klein schneiden. Die Birne waschen, vierteln, vom Kerngehäuse befreien und mit Schale quer in dünne Scheibchen schneiden. Die Schalotte schälen und fein würfeln.
2 Für die Marinade Essig, Birnendicksaft, Apfel- oder Birnensaft, Salz und Pfeffer in einer Schüssel verrühren, das Öl unterrühren. Sauerkraut, Birnenstücke und Schalotte in der Marinade wenden und gut damit vermischen. 10 Minuten ziehen lassen.
3 Schnittlauch abbrausen und in Röllchen schneiden. Den Kopfsalat waschen, trockenschleudern und auf zwei Tellern verteilen. Den Krautsalat in der Mitte anrichten und je 1 EL saure Sahne als Klecks darauf setzen. Mit Schnittlauch bestreut servieren.

➤ ***Variante:*** Apfelfans ersetzen die Birne durch 1 säuerlichen Apfel.

Tipp

Sauerkraut ja, Salat nein? Dann die vorbereiteten Zutaten nicht marinieren, sondern in 1 TL Öl anbraten. Passt gut zu Kurzgebratenem.

Nudelsalat mit Artischocken

FÜR 2 PERSONEN
SCHMECKT AUCH KINDERN

80 g Nudeln (z. B. Rigatoni, Penne) ♦ Salz ♦ 1 Dose Artischockenherzen (240 g Abtropfgewicht) ♦ 100 g Kirschtomaten ♦ 2 Frühlingszwiebeln ♦ 1 Hand voll Rucola ♦ 1/2 Knoblauchzehe ♦ 2 EL Zitronensaft ♦ 1 TL Aceto balsamico ♦ 1 TL scharfer Senf ♦ frisch gemahlener Pfeffer ♦ 2 EL Olivenöl ♦ 4 schwarze Oliven ♦ 2 Zweige Basilikum

Zubereitungszeit: 20 Min. ♦ Eiweißgehalt: 10 g

1 Nudeln in Salzwasser in 10 Minuten bissfest garen. Abgießen und abtropfen lassen.
2 Artischocken abtropfen lassen und vierteln. Tomaten waschen und halbieren. Frühlingszwiebeln waschen, putzen und in Ringe schneiden. Rucola waschen und putzen.
3 Eine Schüssel mit der Schnittfläche des Knoblauchs ausreiben. Zitronensaft, Essig, Senf, Salz, Pfeffer und Öl verrühren. Vorbereitete Zutaten und Oliven in der Marinade wenden. Basilikum abbrausen, trockentupfen, abzupfen und darüber streuen.

Bunter Reissalat

FÜR 2 PERSONEN
FÜRS BÜRO

60 g Basmati-Vollkornreis ♦ 300 ml Gemüsebrühe ♦ 200 g kleine Zucchini ♦ 1 kleine Möhre ♦ 2 Frühlingszwiebeln ♦ 1/2 Bund gemischte Kräuter ♦ 150 g Naturjoghurt ♦ 1 EL Weißweinessig ♦ Salz ♦ Pfeffer ♦ 1 EL Rapsöl

Zubereitungszeit: 40 Min. ♦ Eiweißgehalt: 7 g

1 Den Reis in der Brühe zugedeckt bei milder Hitze 35 Minuten kochen.
2 Zucchini waschen und putzen, Möhre schälen und beides in 1/2 cm kleine Würfel schneiden. Nach 30 Minuten Garzeit zum Reis geben und die restlichen 5 Minuten mitgaren. Noch vorhandene Brühe abgießen und den Gemüse-Reis abkühlen lassen.
3 Frühlingszwiebeln waschen, putzen und in feine Ringe schneiden. Kräuter abbrausen, trockentupfen, Blätter abzupfen. Einige zum Garnieren weglegen, den Rest fein hacken.
4 Für das Dressing den Joghurt mit Essig, Salz, Pfeffer und Öl sämig verrühren. Die Frühlingszwiebeln mit den Kräutern untermischen und mit dem Gemüse-Reis vermengen. Mit Kräutern garnieren.

Mediterraner Bohnensalat

FÜR 2 PERSONEN
FÜRS BÜRO

150 g grüne Bohnen ♦ 2 kleine Möhren ♦ Salz ♦ 1 kleine weiße Zwiebel ♦ 1 Dose rote Kidneybohnen (250 g Abtropfgewicht) ♦ 2 EL Weißweinessig ♦ 1 EL Zitronensaft ♦ 1 TL getrockneter Oregano ♦ Pfeffer ♦ 2 EL Olivenöl ♦ 60 g Feta (Schafkäse)

Zubereitungszeit: 30 Min. ♦ Kühlzeit: 1 Std. ♦ Eiweißgehalt: 17 g

1 Bohnen waschen, putzen und halbieren. Möhren schälen und in Scheiben schneiden. Beides in Salzwasser in 6–7 Minuten garen. Abgießen, abschrecken, abtropfen lassen.
2 Zwiebel schälen, halbieren und in dünne Halbringe schneiden. Kidneybohnen abgießen, abbrausen und abtropfen lassen.
3 Essig, Zitronensaft, 2 EL Bohnenkochwasser, Oregano, Salz, Pfeffer und Öl verrühren. Grüne und rote Bohnen, Möhren und Zwiebeln in der Marinade wenden und zugedeckt 1 Stunde ziehen lassen. Vor dem Servieren den Feta zerbröckeln und darüber streuen.

Linsensalat mit Räucherlachs

FÜR 2 PERSONEN
FÜRS BÜRO

100 g braune Linsen ♦ 3/8 l Gemüsebrühe ♦ je 1/2 rote und gelbe Paprikaschote ♦ 2 Stangen Staudensellerie ♦ 1/2 Bund Petersilie ♦ 1–2 EL Rotweinessig ♦ Salz ♦ Pfeffer ♦ 2 EL Olivenöl ♦ 60 g Räucherlachs

Zubereitungszeit: 30 Min. ♦ Kühlzeit: 30 Min. ♦ Eiweißgehalt: 28 g

1 Linsen mit der Brühe aufkochen und in 20–30 Minuten bei milder Hitze bissfest garen. Abgießen, gründlich abtropfen lassen.
2 Paprika von Samen und Scheidewänden befreien, waschen und sehr klein würfeln. Sellerie waschen, putzen und in Scheiben schneiden. Petersilie abbrausen, trockentupfen, die Blätter abzupfen und fein hacken.
3 Für das Dressing Essig, 2 EL Linsenkochwasser, Salz, Pfeffer und Öl verrühren. Linsen und Gemüse darin wenden, die Petersilie unterheben. Salzen, pfeffern und 30 Minuten ziehen lassen. Auf zwei Teller verteilen und die Lachsscheiben daneben anrichten.

Gado Gado mit Erdnuss-Dressing

FÜR 4 PERSONEN
FÜR FREUNDE

2 Eier ♦ 1/2 kleiner Eisbergsalat (ca. 200 g) ♦ 200 g zarter Weißkohl ♦ 200 g Salatgurke ♦ 4 kleine Tomaten ♦ 200 g Mungobohnen-Sprossen ♦ 2 Schalotten ♦ 1 Knoblauchzehe ♦ 30 g Erdnusscreme mit Stücken ♦ 50 ml ungesüßte Kokosmilch (aus der Dose) ♦ 1 TL brauner Rohrzucker ♦ 2 EL Sojasauce ♦ 1 EL Limettensaft ♦ 1/2 TL Sambal oelek ♦ 150 g Magermilchjoghurt

Zubereitungszeit: 30 Min. ♦ Eiweißgehalt: 10 g

1 Die Eier in 10 Minuten hart kochen. Abschrecken, pellen und in Scheiben schneiden. Den Salat putzen, waschen, trockenschleudern und in mundgerechte Stücke zupfen.

2 Den Weißkohl waschen, putzen und in feine Streifen schneiden. Gurke schälen, Tomaten waschen und beides in dünne Scheiben schneiden. Die Sprossen kalt abbrausen und gründlich abtropfen lassen.

3 Schalotten und Knoblauch schälen und fein würfeln. Mit Erdnusscreme und Kokosmilch im Mixer pürieren und mit Zucker, Sojasauce, Limettensaft und Sambal oelek scharf abschmecken. Joghurt unterrühren.

4 Eine große Platte mit den Salatblättern auslegen. Die verschiedenen Gemüsesorten darauf in Gruppen dekorativ anrichten. Mit dem Erdnuss-Dressing beträufeln und mit Eierscheiben garnieren.

➤ ***Varianten:*** An Gemüse kommt in Frage, was Sie gern essen und gerade zu Hause haben: So passen unter anderem auch Chinakohl, Frühlingszwiebeln, bunte Paprikaschoten, Möhren, Kohlrabi oder grüne blanchierte Bohnen gut zum Dressing.

Thailändischer Meeresfrüchtesalat

FÜR 4 PERSONEN
FÜR FREUNDE

200 g rohe geschälte Garnelenschwänze (frisch oder tiefgekühlt) ♦ 200 g küchenfertige Tintenfische (frisch oder tiefgekühlt) ♦ Salz ♦ 200 g grüne Bohnen ♦ 100 g Cocktailtomaten ♦ 1 kleine weiße Zwiebel ♦ 1 walnussgroßes Stück Ingwer ♦ 6 Zweige Korlandergrün (ersatzweise Petersilie) ♦ 3 EL Limettensaft ♦ 2 EL Fischsauce ♦ 1 TL brauner Rohrzucker ♦ Pfeffer ♦ 1 EL Sojaöl

Zubcreitungszeit: 30 Min. ♦ Fiweißgehalt: 19 g

1 Garnelen bzw. Tintenfisch bei Bedarf auftauen, kalt abspülen und abtropfen lassen. Garnelen wenn nötig vom Darm befreien, Tintenfische in Ringe schneiden.

2 In einem Topf wenig Salzwasser zum Kochen bringen, Garnelen und Tintenfische in einen Siebeinsatz legen und zugedeckt bei mittlerer Hitze 5 Minuten dämpfen.

3 Die Bohnen waschen, putzen und halbieren. In kochendem Salzwasser in 6 Minuten bissfest garen. Abschrecken und gut abtropfen lassen. Tomaten waschen und halbieren. Zwiebel schalen, halbieren und in dünne Scheiben schneiden. Ingwer schälen und sehr klein würfeln. Koriander abbrausen, trockentupfen, die Blätter abzupfen.

4 Limettensaft, Fischsauce, Rohrzucker, Pfeffer und Sojaöl gründlich verrühren. Garnelen, Tintenfische, Bohnen, Tomaten, Zwiebeln, Ingwer und Koriandergrün zur Sauce geben und vorsichtig untermengen. Mit Salz und Pfeffer abschmecken.

➤ ***Variante:*** Wer's besonders scharf mag, peppt den Salat mit 1 winzig klein gewürfelten roten Chilischote auf.

Selleriesalat mit Bündner Fleisch

FÜR 2 PERSONEN
FÜR FREUNDE

200 g Knollensellerie ♦ 2 EL Zitronensaft ♦ 1 kleiner, säuerlicher Apfel (z. B. Boskop, ca. 130 g) ♦ 2 EL Magerquark ♦ 1 EL saure Sahne ♦ 1 TL Walnussöl ♦ Salz ♦ Pfeffer ♦ 4 Walnusskerne ♦ 20 g Bündner Fleisch

Zubereitungszeit: 20 Min. ♦ Eiweißgehalt: 7 g

1 Den Sellerie putzen, schälen und auf der Gemüsereibe fein raspeln. Sofort mit Zitronensaft beträufeln, damit er nicht dunkel wird. Den Apfel gründlich waschen, trockenreiben, vierteln und entkernen. Die Viertel grob raspeln und mit den Sellerieraspeln gründlich vermischen.
2 Den Quark mit saurer Sahne, Walnussöl, Salz und Pfeffer verrühren und unter die Sellerie-Apfel-Mischung mengen. Die Walnüsse hacken und ebenfalls unterheben.
3 Den Salat auf zwei Teller verteilen und darum herum das Bündner Fleisch dekorativ anrichten. Pro Person 1 Vollkorntoast rösten und dazu servieren.

Tipp

Unsere Version ist quasi die leichte Schwester des Waldorf-Klassikers und passt wunderbar aufs Partybüfett. Ideal: Die Zutaten lassen sich problemlos erhöhen, eine große Schüssel ist am Nachmittag rasch vorbereitet und kann zum Durchziehen für einige Stunden in den Kühlschrank gestellt werden. Vor dem Servieren noch einmal schnell abschmecken und mit frisch gehackten Walnüssen garnieren.

Marinierter Blumenkohl mit Eier-Häckerle

FÜR 2 PERSONEN
FÜRS BÜRO

1/2 kleiner Blumenkohl (ca. 400 g) ♦ Salz ♦ 1 Ei ♦ 1 EL Weißweinessig ♦ 1 EL Zitronensaft ♦ Pfeffer ♦ 2 EL kaltgepresstes Rapsöl ♦ 2 dünne Scheiben Parmaschinken ♦ 1 Frühlingszwiebel ♦ 1/2 Bund Petersilie

Zubereitungszeit: 20 Min. ♦ Eiweißgehalt: 11 g

1 Blumenkohl waschen, putzen und in kleine Röschen teilen. In Salzwasser in 5–7 Minuten bissfest garen. Abgießen, abschrecken und abtropfen lassen. Das Ei in 10 Minuten hart kochen, pellen und fein hacken.
2 Aus Essig, Zitronensaft, Salz, Pfeffer und Öl eine Vinaigrette rühren und den Blumenkohl lauwarm darin wenden. Ziehen lassen.
3 Den Schinken winzig klein würfeln. Frühlingszwiebel waschen, putzen und in Ringe schneiden. Petersilie abbrausen, trockentupfen, Blätter abzupfen und fein hacken. Eier, Schinken, Zwiebel und Petersilie vermengen und auf dem Blumenkohl verteilen. Dazu passt 1 kleine Scheibe GLYX- oder Roggen-Vollkornbrot (ca. 30 g).

➤ ***Variante:*** Auch bissfest gegarter weißer oder grüner Spargel passt prima zur Vinaigrette und zum Eier-Häckerle.

Tipp

Den Blumenkohl am besten abends zubereiten und über Nacht marinieren. Am nächsten Morgen mit dem Eier-Häckerle bestreuen und in einem Plastikgefäß mit ins Büro nehmen.

Süsse Dessertträume

Albträume für die Fettzellen

Zabaione, Panna Cotta, Mousse ... »Nein Danke!« Sagt der Abnehmer. »Zu süß! Zu fettig!« Falsch. Hier darf er genießen. Cremiges, Gratiniertes, Gebratenes und Fruchtiges. Lauter süße Sünden, mit denen er seine Fettzellen ärgert. Übrigens: In arabischen Ländern herrscht der Brauch, ein Festmahl mit zwei Orangen zu beenden. Gut so. Obst ist ein idealer Digestif. Es belastet nicht, hat gute GLYX-Werte und rundet das Essen mit vielen wertvollen Vitaminen ab.

Feigen mit Zabaione

FÜR 4 PERSONEN
BLITZSCHNELL GEMACHT

2 EL Mandelblättchen ♦ 4 große oder 8 kleine reife Feigen ♦ 2 Eigelbe ♦ 6 EL trockener Weißwein ♦ 1 EL Zitronensaft ♦ 1 TL brauner Rohrzucker

Zubereitungszeit: 20 Min. ♦ Eiweißgehalt: 3 g

1 Die Mandelblättchen in einer Pfanne ohne Fett rösten und beiseite stellen.
2 Die Feigen vorsichtig waschen, trockentupfen und je nach Größe längs vierteln oder achteln. Auf vier Desserttellern anrichten.
3 In einem Topf etwas Wasser zum Kochen bringen. Für die Zabaione die Eigelbe mit Wein, Zitronensaft und Zucker in einer hitzebeständigen Schüssel verrühren. Auf das heiße Wasserbad stellen und mit den Schneebesen des Handmixers ca. 5 Minuten schlagen und erhitzen, bis sie luftig und schaumig wird. Der Schaum darf dabei aber nicht zu heiß werden, sonst stockt das Eigelb!
4 Die Zabaione löffelweise über die Feigen träufeln. Mit den Mandelblättchen bestreuen und sofort servieren.

➤ ***Variante:*** Sie mögen keine Feigen oder können keine frischen, wirklich reifen Früchte bekommen? Dann sind Pfirsiche, Nektarinen oder saftige Pflaumen ein super Ersatz auf unterstem GLYX-Niveau!

Tipp

Wer vom Mandelgeschmack nicht genug bekommen kann, rührt zusätzlich 1 TL Mandelmus (Reformhaus) unter die Eigelbe.

Giorgio sagt nix. Er genießt Mamas Orangen-Carpaccio und lächelt.

Orangen-Carpaccio

FÜR 2 PERSONEN
FÜR FREUNDE

2 große Orangen (1 davon unbehandelt) ♦ 2 TL Fruchtzucker ♦ 1 Gewürznelke ♦ 2 EL Naturjoghurt ♦ 2 TL gehackte Pistazien ♦ 1 Zweig Zitronenmelisse

Zubereitungszeit: 20 Min. ♦ Eiweißgehalt: 3 g

1 Die unbehandelte Orange unter heißem Wasser abbürsten, abtrocknen und die Schale mit einem Zestenreißer oder scharfen Messer dünn abschälen. Beide Orangen so schälen, dass die weiße Haut entfernt wird. Quer in dünne Scheiben schneiden und auf zwei Tellern überlappend auslegen.
2 In einem Topf 100 ml Wasser mit dem Fruchtzucker, den Orangenzesten und der Gewürznelke aufkochen und in 5 Minuten zu einem dicklichen Sirup einkochen lassen. Die Nelke entfernen und den Sirup löffelweise über die Früchte träufeln.
3 Auf die Orangen je 1 Klecks Joghurt setzen und mit den Pistazien bestreuen. Einige Melissenblättchen vom Stängel abzupfen und die Teller damit garnieren.

Blaubeer-Kaltschale

FÜR 2 PERSONEN
SCHMECKT AUCH KINDERN

300 g Blaubeeren (frisch oder tiefgekühlt) ♦ 1/2 Vanilleschote ♦ Saft von 1/2 Zitrone ♦ 75 ml roter Traubensaft ♦ 2 EL Sahne

Zubereitungszeit: 20 Min. ♦ Kühlzeit: 1 Std. ♦ Eiweißgehalt: 2 g

1 Tiefgekühlte Blaubeeren auftauen lassen. Frische Beeren abbrausen, abtropfen lassen und verlesen. 2 EL Beeren beiseite legen.
2 Die Vanilleschote aufschlitzen, das Mark herauskratzen und mit den Blaubeeren, Zitronen- und Traubensaft in einem Topf aufkochen. Zugedeckt bei kleiner Hitze 5 Minuten köcheln lassen. Die Mischung pürieren und abgedeckt 1 Stunde kalt stellen.
3 Die restlichen Blaubeeren unter die Kaltschale rühren und in Suppenschalen oder tiefe Teller gießen. Jeweils 1 EL Sahne als Klecks in die Mitte setzen und mit einem Löffelstiel ein Muster hineinziehen.

➤ ***Variante:*** Die Kaltschale schmeckt auch gut mit GLYX-niedrigen Brombeeren oder schwarzen Johannisbeeren.

Erdbeercreme

FÜR 2 PERSONEN
SCHMECKT AUCH KINDERN

150 g Erdbeeren ♦ 1 EL Fruchtzucker ♦ 1 Eiweiß ♦ 100 g Magerquark ♦ 50 g vegetarische Crème fraîche (ersatzweise Schmand) ♦ 1 TL abgeriebene unbehandelte Zitronenschale ♦ etwas Zitronenmelisse zum Garnieren

Zubereitungszeit: 20 Min. ♦ Kühlzeit: 1 Std. ♦ Eiweißgehalt: 10 g

1 Die Erdbeeren abbrausen, abtropfen lassen, putzen und bis auf 2 Erdbeeren klein schneiden. Mit dem Fruchtzucker pürieren.
2 Das Eiweiß steif schlagen. Den Quark mit dem Erdbeermus, der Créme fraîche und der Zitronenschale glatt rühren und den Eischnee unterheben. Die Erdbeercreme auf zwei Dessertschalen verteilen und für mindestens 1 Stunde kühl stellen.
3 Die restlichen Erdbeeren zur Hälfte einschneiden und auf den Rand der Schälchen stecken. Mit etwas Zitronenmelisse garnieren.

➤ ***Variante:*** Sie können die Erdbeeren auch durch Blaubeeren, Brombeeren oder Himbeeren ersetzen.

Buttermilch-Mousse mit Himbeeren

FÜR 2 PERSONEN
FÜR FREUNDE

4 Blatt weiße Gelatine ♦ 4 Zweige frische Pfefferminze ♦ 200 ml Buttermilch ♦ 1 Eigelb ♦ 2 TL Akazienhonig ♦ 1 EL Zitronensaft ♦ 50 g Sahne ♦ 150 g Himbeeren

Zubereitungszeit: 20 Min. ♦ Kühlzeit: 2 Std. ♦ Eiweißgehalt: 9 g

1 Gelatine in kaltem Wasser einweichen. Minze abbrausen, 2 Zweige beiseite legen. Vom Rest die Blätter abzupfen und in Streifen schneiden. In der Buttermilch erhitzen und bei schwacher Hitze 5 Minuten ziehen lassen. Gelatine ausdrücken darin auflösen.
2 Eigelb, Honig und Zitronensaft schaumig schlagen, Minze-Buttermilch unterrühren und für 30 Minuten kalt stellen.
3 Wenn die Creme zu gelieren beginnt, die Sahne steif schlagen, unterziehen. In einer ausgespülten Schale 2 Stunden kalt stellen.
4 Himbeeren waschen, trockentupfen und verlesen. Von der Mousse Nocken abstechen und mit Himbeeren und Minze anrichten.

Rhabarberkompott mit Ingwer-Dickmilch

FÜR 4 PERSONEN
FÜR FREUNDE

500 g Rhabarber ♦ 2 TL brauner Rohrzucker ♦ 2 Gewürznelken ♦ 1 Zimtstange ♦ 75 ml ungesüßter Apfelsaft ♦ 250 g kleine Erdbeeren ♦ 200 g Dickmilch ♦ 1 TL gemahlener Ingwer

Zubereitungszeit: 15 Min. ♦ Kühlzeit: 2 Std. ♦ Eiweißgehalt: 3 g

1 Rhabarber waschen, putzen und in 3 cm lange Stücke schneiden. Mit Zucker, Nelken, Zimt und Apfelsaft aufkochen und zugedeckt 3 Minuten dünsten.
2 Erdbeeren abbrausen, trockentupfen, putzen und halbieren. Kompott in eine Glasschüssel füllen, Nelken und Zimt entfernen, Erdbeeren unterrühren. 2 Stunden abkühlen.
3 Vor dem Servieren Dickmilch und Ingwer verrühren und separat dazu servieren.

➤ ***Variante:*** Sie lieben Grütze? Dann rühren sie zusätzlich noch 2 TL pflanzliches Bindemittel (z. B. Biobin) in die heiße Fruchtmasse ein um sie anzudicken – fertig!

Joghurt-Panna-cotta mit Pfirsichpüree

FÜR 4 PERSONEN
FÜR FREUNDE

1 unbehandelte Zitrone ♦ 1 1/2 EL Fruchtzucker ♦ 2 TL Agar-Agar ♦ 400 g Joghurt ♦ 50 g Sahne ♦ 2 Pfirsiche (ca. 250 g) ♦ 3 EL ungesüßter Apfelsaft ♦ 2 Zweige Zitronenmelisse

Zubereitungszeit: 25 Min. ♦ Kühlzeit: 2 Std. ♦ Eiweißgehalt: 4 g

1 Die Zitrone heiß waschen, abtrocknen und die Schale mit einem Zestenreißer abziehen. Ersatzweise mit einem sehr scharfen Messer nur die äußere, gelbe Schale hauchdünn abschälen und in sehr feine Streifen schneiden. Die Frucht halbieren und auspressen.
2 In einem kleinen Topf 100 ml Wasser mit der Zitronenschale, 2 EL Zitronensaft, Zucker und Agar-Agar unter Rühren aufkochen und 3 Minuten leise köcheln lassen. Vom Herd nehmen, Joghurt und Sahne unterrühren. Die Mischung auf vier kleine, kalt ausgespülte Förmchen verteilen und im Kühlschrank 2 Stunden fest werden lassen.
3 Vor dem Servieren die Pfirsiche überbrühen, abschrecken und häuten. Die Früchte halbieren und entsteinen. Das Fruchtfleisch klein schneiden, mit dem Apfelsaft in ein hohes Gefäß geben und mit dem Stabmixer sehr fein pürieren. Mit 1 TL Zitronensaft abschmecken.
4 Die Joghurt-Sahne-Desserts auf vier Dessertteller stürzen und mit dem Pfirsichpüree umgießen. Die Zitronenmelisse abbrausen, trockentupfen, Blätter abzupfen und die Teller damit garnieren.

➤ ***Variante:*** Auch lecker: Anstelle des Pfirsichpürees ein Mus aus pürierten Pflaumen oder Himbeeren zur Creme servieren.

Beeren in Grapefruit-Gelee

FÜR 2 PERSONEN
SCHMECKT AUCH KINDERN

250 g gemischte Beeren (z. B. Johannisbeeren, Heidelbeeren, Erdbeeren) ♦ 2 Zweige Zitronenmelisse ♦ 1 rosa Grapefruit ♦ 2 TL brauner Rohrzucker ♦ 1/2 TL Agar-Agar ♦ 2 EL Schmand

Zubereitungszeit: 15 Min. ♦ Kühlzeit: 1 Std. ♦ Eiweißgehalt: 2 g

1 Die Beeren kurz abbrausen, trockentupfen und verlesen, große Erdbeeren in dünne Scheiben schneiden. Die Früchte auf zwei großen Tellern dekorativ anrichten. Die Zitronenmelisse abbrausen, trockentupfen, die Blättchen abzupfen und über die angerichteten Beeren streuen.
2 Die Grapefruit auspressen und bei Bedarf mit Wasser auf 1/2 l auffüllen. Mit dem Zucker aufkochen. Agar-Agar mit 2 EL Wasser verrühren, in den kochenden Grapefruitsaft einrühren und 2–3 Minuten bei milder Hitze köcheln lassen. Vom Herd nehmen, etwas abkühlen lassen und mit einem Löffel vorsichtig über die Früchte träufeln. Für 1 Stunde im Kühlschrank fest werden lassen.
3 Vor dem Servieren die Gelees mit je 1 Klecks Schmand garnieren.

Tipp

Wenn Sie Kiwischeiben oder Ananasstücke mit dem Gelee überziehen möchten, ist auch das kein Problem. Die Früchte besitzen zwar ein Enzym, das Gelatine nicht fest werden lässt, doch mit dem rein pflanzlichen Agar-Agar gelingt das Gelee perfekt.

Mango mit Kokoscreme

FÜR 4 PERSONEN
GEHT GANZ LEICHT

1 reife Mango (ca. 400 g) ♦ 200 g Magerquark ♦ 4 EL ungesüßte Kokosmilch (Dose) ♦ 8–10 Cashewkerne (ca. 20 g) ♦ 1 TL flüssiger Honig

Zubereitungszeit: 15 Min. ♦ Eiweißgehalt: 8 g

1 Die Mango schälen. Das Fruchtfleisch rund um den Stein in großen Stücken abschneiden und in gleichmäßige Scheiben schneiden. Noch anhängendes Fruchtfleisch eng am Stein abschneiden und würfeln. Mangoscheiben und Mangowürfel auf vier Desserttellern anrichten.
2 Den Quark mit der Kokosmilch glatt rühren und gleichmäßig auf dem Mangofruchtfleisch verteilen.
3 Die Cashewkerne hacken und mit dem Honig unter Rühren bei mittlerer Hitze in etwa 3 Minuten goldbraun rösten. Über das Dessert streuen und servieren.

Birnen-Quarkspeise

FÜR 4 PERSONEN
SCHMECKT AUCH KINDERN

1 Vanilleschote ♦ 400 g Quarkcreme ♦ 2 TL flüssiger Honig ♦ 1 Birne (ca. 250 g) ♦ 1 EL Zitronensaft ♦ 2 Zweige Zitronenmelisse ♦ 2 kleine Riegel Bitterschokolade (ca. 20 g, mindestens 70 % Kakaoanteil)

Zubereitungszeit: 20 Min. ♦ Eiweißgehalt: 11 g

1 Vanilleschote längs aufschlitzen, das Mark herauskratzen und mit der Quarkcreme und dem Honig glatt rühren.
2 Die Birne waschen, abtrocknen, vierteln und entkernen. Von einem Viertel vier Scheibchen abschneiden und zur Garnitur beiseite legen. Die restliche Birne klein würfeln und mit dem Zitronensaft beträufeln.
3 Melisse abbrausen, trockentupfen, Blättchen abzupfen. Quark und Birnenstücke abwechselnd in vier Schälchen einschichten. Schokolade fein hacken und darüber streuen. Mit Birnenscheiben und Melisse garnieren.

Gebratene Ananas

FÜR 4 PERSONEN
FÜR FREUNDE

1/2 kleine frische Ananas (ca. 500 g) ♦ 2 Limetten ♦ 1 EL Rapsöl ♦ 1 TL Butter ♦ 2 TL brauner Rohrzucker ♦ 100 g Naturjoghurt ♦ 50 g Crème fraîche ♦ Minzblättchen

Zubereitungszeit: 30 Min. ♦ Eiweißgehalt: 1 g

1 Ananas schälen, dabei »Augen« und harten Kern herausschneiden. Das Fruchtfleisch in 8 Scheiben schneiden und halbieren. Die Limetten heiß abwaschen und abtrocknen. Die Schale einer Limette fein abreiben, den Saft beider Limetten auspressen. Den Backofen auf 50° vorheizen.
2 Öl und Butter in einer Pfanne erhitzen und die Ananasscheiben darin bei mittlerer Hitze 3–4 Minuten braten. Herausnehmen und im vorgeheizten Backofen bei 50° (Umluft, niedrigste Stufe) warm stellen.
3 Den Zucker in die Pfanne streuen und bei mittlerer Hitze schmelzen. Mit 5 EL Wasser und dem Limettensaft ablöschen (Vorsicht, das spritzt!) und 5 Minuten bei starker Hitze einkochen, dann etwas abkühlen lassen.
4 Joghurt, Crème fraîche und Limettenschale verrühren. Ananas auf Tellern anrichten und mit Limettensirup und Joghurtsauce beträufeln. Mit Minze garnieren.

Gratinierte Brombeeren und Nektarinen

FÜR 4 PERSONEN
GEHT GANZ LEICHT

3 Nektarinen (ca. 400 g) ♦ 200 g Brombeeren ♦ 2 Eier ♦ Salz ♦ 250 g Magerquark ♦ 1 EL Weizen-Vollkornmehl ♦ 1 EL brauner Rohrzucker ♦ 1 TL abgeriebene Schale von 1 unbehandelten Zitrone

Zubereitungszeit: 20 Min. ♦ Backzeit: 15 Min. ♦ Eiweißgehalt: 14 g

1 Die Nektarinen waschen, vierteln, den Stein entfernen und die Viertel in dünne Spalten schneiden. Die Brombeeren kurz abbrausen, abtropfen lassen und verlesen.

2 Den Backofen auf 220° vorheizen. Die Eier trennen. Die Eiweiße mit 1 Prise Salz steif schlagen. Die Eigelbe mit Quark, Mehl und Zucker schaumig schlagen, die Zitronenschale unterheben. Das Eiweiß vorsichtig unter die Quarkmasse rühren.

3 Die Nektarinenstücke in einer feuerfesten Form verteilen, die Brombeeren darüber streuen. Mit der Quarkmasse bedecken und im vorgeheizten Ofen (Mitte, Umluft nicht geeignet) in 15 Minuten überbacken.

Tipp

Vor dem Überbacken noch 1 EL Pinienkerne über das Gratin streuen.

1

2

3

1 *Mango mit Kokoscreme*

2 *Birnen-Quarkspeise*

3 *Gratinierte Brombeeren und Nektarinen*

Aus dem GLYX-Vorrat schöpfen

So viel Spass und Gesundheit steckt in Ihrem Vorratsschrank! Wann zog das letzte Mal der Duft von frisch gebackenem Brot durch Ihre Küche? Noch nie? Dann wird es aber Zeit, denn der Duft freut Nase, Herz und Gaumen gleichermaßen. Wenn Sie Zeit haben, köcheln Sie dazu eine GLYX-Marmelade. Oder Sie bereiten sich eine Pasta-Sauce zu, mixen sich einen Tofu-Aufstrich, verquirlen eine Salatsauce ... So schaffen Sie sich einen gesunden GLYX-Vorrat – für Zeiten, in denen alles schnell gehen muss.

Roggen-Sauerteig-Brötchen

FÜR ca. 32 STÜCK à 45 g:
SCHMECKT AUCH KINDERN

1/2 Päckchen Natursauerteig (75 g) oder 1/2 Päckchen Sauerteig-Extrakt (7,5 g) ♦ 500 g Roggen-Vollkornmehl ♦ 400 g Weizen-Vollkornmehl ♦ 1 EL Salz ♦ je 1/2 TL gemahlener Kümmel, gemahlene Koriander- und Fenchelsamen ♦ 1 Würfel Hefe (42 g) ♦ 1 EL flüssiger Honig ♦ 100 ml Buttermilch ♦ je 1 EL Sonnenblumenkerne, Haferflocken, Sesam und Mohn ♦ Mehl zum Kneten ♦ Backpapier

Zubereitungszeit: 45 Min. ♦ Gärzeit: 12 Std. ♦ Gehzeit: 3 1/2 Std. ♦ Backzeit: 2 x 30 Min. ♦ Eiweißgehalt pro Brötchen: 3 g

1 Sauerteig, 1/2 l lauwarmes Wasser und Roggenmehl verrühren und mit Folie abgedeckt über Nacht gären lassen.
2 Am nächsten Tag Weizenmehl, Salz und Gewürze mischen und in die Mitte eine Mulde drücken. Hefe hineinbröckeln und mit Honig sowie 4–5 EL lauwarmem Wasser verrühren. Buttermilch und Sauerteigansatz zugeben und mit den Knethaken des Handmixers 10 Minuten gründlich verkneten. Mit einem Tuch abdecken und an einem warmen Ort 2 Stunden gehen lassen.
3 Den Teig auf bemehlter Fläche 5 Minuten durchkneten und 1 Stunde gehen lassen.
4 Zwei Backbleche mit Backpapier auslegen. Teig in ca. 32 Portionen à 60 g teilen und zu Brötchen formen. Auf die Bleche setzen, abdecken und weitere 30 Minuten gehen lassen.
5 Backofen auf 200° vorheizen. Eine Tasse mit heißem Wasser in den Ofen stellen. Brötchen mit Wasser bepinseln und abwechselnd mit Sonnenblumenkernen, Haferflocken, Sesam und Mohn bestreuen. Im Ofen (Mitte, Umluft 180°) 30 Minuten backen.

Alberts Theorie: Rucola-Tofu? Beamt in die 7. Dimension. Da schmeckt jedes Atom.

Rucola-Tofu-Aufstrich

FÜR 150 g ODER 5 PORTIONEN à 2 TL
GEHT GANZ LEICHT

1 EL Haselnüsse ♦ 1/2 Bund Petersilie ♦ 1 Hand voll Rucola ♦ 100 g Tofu ♦ 1 EL Zitronensaft ♦ 1 TL Leinöl ♦ Salz ♦ Pfeffer

Zubereitungszeit: 15 Min. ♦ Eiweißgehalt: 2 g

1 Nüsse hacken und in einer Pfanne ohne Fett rösten. Petersilie und Rucola abbrausen, trockentupfen, Blätter abzupfen und hacken.
2 Tofu klein würfeln und mit Kräutern, Zitronensaft und Leinöl mit dem Stabmixer pürieren. Mit Salz und Pfeffer würzen. Die gerösteten Nüsse untermischen.

Tipps

2 TL Aufstrich auf einer Scheibe GLYX- oder Vollkornbrot (ca. 45 g) verstreichen und mit Tomatenscheiben belegen.
Der Aufstrich hält sich in einem Twist-off-Glas mit Öl bedeckt einige Tage im Kühlschrank.

Fünfkorn-GLYX-Brot

FÜR 2 LAIBE VON ca. 800 g
SCHMECKT AUCH KINDERN

500 g gemischte Getreidekörner (Weizen, Hafer, Roggen, Gerste, Dinkel) ♦ 500 g Weizen-Vollkornmehl ♦ 50 g Leinsamen ♦ 1 Würfel Hefe (42 g) ♦ 1 Päckchen Natursauerteig (150 g) oder 1 Päckchen Sauerteig-Extrakt (15 g) ♦ 2 gehäufte TL Salz ♦ 1 EL Brotgewürz-Mischung ♦ 1 TL brauner Rohrzucker ♦ Mehl zum Kneten ♦ Backpapier

Zubereitungszeit: 30 Minuten ♦ Gehzeit: 2 Stunden ♦ Backzeit: 1 Stunde ♦ Eiweißgehalt pro Laib: 64 g

1 Das Getreide mischen, grob schroten oder schroten lassen. 2 EL beiseite stellen.
2 Schrot, Weizenmehl und Leinsamen in einer Schüssel mischen, in die Mitte eine Mulde drücken. Die Hefe hineinbröckeln und mit 3 EL lauwarmem Wasser verrühren.
3 Die restlichen Zutaten und 600 ml lauwarmes Wasser zugeben und mit der Küchenmaschine oder den Knethaken des Handmixers zu einem glatten, feuchten (!) Teig verkneten. Mit einem Tuch abgedeckt an einem warmen Ort 1 1/2 Stunden gehen lassen.
4 Den Teig auf einer Arbeitsfläche mit gut bemehlten Händen kräftig durchkneten. In zwei gleich große Stücke teilen und zu länglichen Laiben formen. Ein Blech mit Backpapier belegen, die Brote darauf weitere 30 Minuten gehen lassen.
5 Den Backofen auf 200° vorheizen. Eine ofenfeste Tasse mit heißem Wasser hineinstellen. Die Laibe leicht mit Wasser bepinseln und mit dem restlichen Schrot bestreuen. Im Ofen (Mitte, Umluft 180°) 30 Minuten backen. Die Hitze auf 180° (Umluft 160°) herunterschalten und das GLYX-Brot in weiteren 30 Minuten fertig backen. Auf einem Kuchengitter auskühlen lassen.

Blaubeer-Apfel-Marmelade

FÜR 3 KLEINE GLÄSER à 150 ml
GEHT GANZ LEICHT

350 g Blaubeeren (frisch oder tiefgekühlt) ♦ 1 mittelgroßer säuerlicher Apfel (z. B. Boskop oder Cox Orange) ♦ 150 g Fruchtzucker ♦ 2 EL Zitronensaft ♦ abgeriebene Schale von 1 unbehandelten Zitrone ♦ 3 TL (7,5 g) Apfelpektin

Zubereitungszeit: 30 Minuten ♦ Ruhezeit: 30 Minuten ♦ Eiweißgehalt pro Glas: 1 g

1 Die Blaubeeren verlesen, abbrausen und abtropfen lassen. Gefrorene Beeren vorher etwas antauen lassen. Den Apfel vierteln, schälen, vom Kerngehäuse befreien und klein würfeln. In einem Topf mit den Blaubeeren und 130 g Fruchtzucker mischen und 30 Minuten ziehen lassen.
2 Zitronensaft und Zitronenschale unterrühren und alles langsam zum Kochen bringen. Das Apfelpektin mit dem restlichen Zucker mischen und unter die heiße Masse rühren. Unter Rühren aufkochen und mindestens 1 Minute sprudelnd kochen lassen.
3 Die Marmelade möglichst heiß in kochend heiß ausgespülte Gläser mit Schraubverschluss füllen. Die Deckel schließen und die Gläser sofort für fünf Minuten auf den Kopf stellen. Umdrehen und abkühlen lassen. Ein angebrochenes Glas hält sich im Kühlschrank bis zu 3 Wochen.

➤ ***Variante:*** Sie kombinieren gern? Dann probieren Sie doch einmal Mischungen wie Brombeeren mit Birnen oder Himbeeren mit Aprikosen aus – köstlich!

Haferknäcke

FÜR ca. 24 STÜCK:
GEHT GANZ LEICHT

300 g Vollkorn-Haferflocken ♦ 200 g Weizen-Vollkornmehl ♦ 2 TL Salz ♦ 1 TL Weinstein-Backpulver (aus dem Reformhaus) ♦ 2 EL Walnussöl ♦ 30 g feine Vollkorn-Haferflocken ♦ Backpapier

Zubereitungszeit: 30 Min. ♦ Backzeit: 7 Min. ♦ Eiweißgehalt pro Stück: 3 g

1 Die Haferflocken fein hacken und in eine Schüssel füllen. Weizenmehl, Salz, Backpulver und Nussöl hinzufügen und mit den Knethaken des Handmixers vermischen.
2 Nach und nach unter Rühren 200–250 ml kochend heißes Wasser hinzufügen und alles zu einem glatten Teig verrühen.
3 Die feinen Haferflocken auf einer Arbeitsfläche ausstreuen. Den Teig, der durch den hohen Haferanteil ein wenig klebrig ist, darauf zu einer 2–3 mm dicken Platte ausrollen und in 24 gleich große Rechtecke schneiden.
4 Den Backofen auf 250° vorheizen. Drei Backbleche mit Backpapier belegen und die Teigstücke darauf verteilen. Nacheinander im Ofen (Mitte, Umluft 220°) 7–8 Minuten backen. Im geöffneten Ofen noch einige Minuten ruhen lassen. Die Knäckebrote auf einem Kuchengitter auskühlen lassen.

Tipp

Für runde Knäckebrote den Teig zu einer dicken Rolle formen und in 12 gleich große Stücke teilen. Jedes Teigstück auf der mit feinen Haferflocken bestreuten Arbeitsfläche zu runden Fladen von 12 cm Durchmesser ausrollen und wie beschrieben backen.

Orangen-Walnuss-Plätzchen

FÜR 65 STÜCK
SCHMECKT AUCH KINDERN

125 g Weizenmehl Type 1050 ♦ 125 g Weizen-Vollkornmehl ♦ 75 g fein geriebene Walnüsse ♦ 50 g Fruchtzucker ♦ 2 EL flüssiger Honig ♦ 1 Prise Salz ♦ 1 TL Weinstein-Backpulver (Reformhaus) ♦ abgeriebene Schale von 1/2 unbehandelten Orange ♦ 2 EL Orangensaft ♦ 1 großes Ei ♦ Backpapier ♦ Mehl zum Ausrollen

Zubereitungszeit: 20 Min. ♦ Kühlzeit: 1 Std. ♦ Backzeit pro Blech: 10 Min. ♦ Eiweißgehalt: 1 g

1 Mehlsorten und Nüsse mischen, auf die Arbeitsfläche häufen, eine Mulde hineindrücken. Zucker, Honig, Salz, Backpulver und Orangenschale und -saft hineingeben.
2 Das Ei zugeben und alles mit einem großen Messer durchhacken, dann rasch mit den Händen zu einem festen Teig verkneten. In Folie gewickelt 1 Stunde kühl stellen.
3 Den Backofen auf 180° vorheizen, zwei Bleche mit Backpapier belegen. Den Teig 3 mm dick ausrollen und Motive ausstechen. Die Plätzchen auf die Bleche legen und (Mitte, Umluft 160°) jeweils 10 Minuten backen.
4 Die Kekse auf einem Kuchengitter auskühlen lassen. In einer fest schließenden Dose halten sie sich bis zu 3 Wochen.

Tipp

Die Kekse schmecken gut als Knabberei zwischendurch – erlaubt sind 2 Stück à ca. 6 g. Wer die Abwechslung liebt, kann sie noch mit Walnussstückchen verzieren.

GLYX-Müsli

FÜR ca. 600 g MÜSLI-MISCHUNG ODER 30 PORTIONEN à 20 g:
BLITZSCHNELL GEMACHT

Je 100 g kernige und feine Vollkorn-Haferflocken ♦ 100 g Gerstenflocken ♦ 100 g Sojaflocken ♦ 100 g Haferkleie ♦ 50 g geschroteter Leinsamen ♦ 20 g Sesam ♦ 20 g Sonnenblumenkerne ♦ 20 g Kürbiskerne

Zubereitungszeit: 10 Min. ♦ Eiweißgehalt pro Portion: 4 g

1 Alle Flocken mit der Haferkleie und dem Leinsamen in einer Schüssel vermischen.
2 Den Sesam in einer Pfanne ohne Fett goldbraun rösten und erkalten lassen. Sonnenblumen- und Kürbiskerne grob hacken und mit dem Sesam zur Müsli-Mischung geben.
3 Alles mischen und in eine gut verschließbare Dose oder in einen Gefrierbeutel füllen.

➤ ***Variante:*** Sie lieben Ihr Müsli eher duftig-frisch? Dann reiben Sie die Schale von je 1 unbehandelten Zitrone und Orange ab und mischen sie diese unters Müsli.

Tipp

Das Müsli hält sich am besten an einem kühlen, dunklen Ort – so gehen keine Nährstoffe verloren und die Samen werden nicht ranzig. Sie können die Mischung auch gut im Gemüsefach des Kühlschranks aufbewahren.

1

2

3

1 *Haferknäcke*

2 *Orangen-Walnuss-Plätzchen*

3 *GLYX-Müsli*

Tomaten-Kräuter-Sauce

FÜR ca. 750 g ODER 8 PORTIONEN à 4 EL (ca. 100 g):
GEHT GANZ LEICHT

1 kg reife Tomaten ♦ 1/2 Bund Petersilie ♦ 6 Basilikumblätter ♦ 3 Salbeiblätter ♦ 1 TL Rosmarinnadeln ♦ 2 Knoblauchzehen ♦ 1 EL Olivenöl ♦ 1/2 TL getrockneter Oregano ♦ Salz ♦ Pfeffer

Zubereitungszeit: 40 Min. ♦ Eiweißgehalt: 1 g

1 Die Tomaten mit kochendem Wasser übergießen, abschrecken und häuten. Das Fruchtfleisch in kleine Würfel schneiden.

2 Die Kräuter abbrausen und trockentupfen. Die Petersilienblättchen abzupfen und mit dem Salbei und Rosmarin fein hacken. Den Knoblauch schälen.

3 Das Öl erhitzen, den Knoblauch dazudrücken und kurz andünsten. Die Tomatenstücke, gehackte Kräuter und Oregano hinzufügen, umrühren und bei schwacher Hitze aufkochen. 10 Minuten offen köcheln lassen, dabei umrühren. Salzen und pfeffern.

4 Die Sauce so heiß wie möglich in ausgespülte Gläser mit Schraubdeckel füllen, Deckel schließen und abkühlen lassen. Im Kühlschrank hält sich die Sauce 1 Woche.

Tipp

Die Tomatensauce passt prima zu Pasta (z. B. Spaghetti, Penne), aber auch zu gedünstetem oder gebratenem Fisch oder gefülltem Gemüse. Wer's feiner mag, streicht die Sauce durch ein Sieb, wer mehr auf Sauce mit Biss steht, mischt noch einige Tomatenstücke unter.

Soja-Kirsch-Eis

FÜR ca. 700 g ODER 12 PORTIONEN à 60 g (2 MITTELGROSSE EISKUGELN): SCHMECKT AUCH KINDERN

400 g frische Sauerkirschen (ersatzweise tiefgekühlt oder aus dem Glas) ♦ 50 ml Kirschsaft ♦ 2 El Fruchtzucker ♦ 1 Msp. Zimt ♦ 1/2 l Sojadrink mit Vanillegeschmack ♦ 1/2 TL abgeriebene unbehandelte Zitronenschale

Zubereitungszeit: 25 Min. ♦ Gefrierzeit: 3–4 Std. ♦ Eiweißgehalt: 1 g

1 Die Kirschen waschen und entsteinen, tiefgekühlte Kirschen auftauen, solche aus dem Glas gut abtropfen lassen. Die Kirschen mit dem Kirschsaft und dem Fruchtzucker in einem Topf mischen und bei schwacher Hitze 5 Minuten dünsten. Mit Zimt würzen. Die Kirschen samt Saft mit dem Stabmixer fein pürieren und abkühlen lassen.

2 Das Kirschpüree und den Sojadrink mit den Schneebesen des Handmixers verrühren und mit Zitronenschale aromatisieren.

3 Die Masse in der Eismaschine nach Herstellerangabe in 40–45 Minuten zu einem cremigen Eis verarbeiten. Alternativ in eine Metallschüssel füllen und 3–4 Stunden gefrieren lassen, dabei die Eismasse alle 20 Minuten mit einem Schneebesen kräftig durchrühren. Vom fertigen Eis pro Portion zwei Kugeln abstechen und sofort servieren. Nach Belieben mit einigen frischen Kirschen garnieren.

Tipp

Eine Kugel Eis dürfen Sie auch mal als Snack zwischendurch genießen, zwei Kugeln können der süße Abschluss eines leichten Essens sein.

Apfelmus

FÜR ca. 800 g ODER 8 PORTIONEN à 3 EL (ca. 100 g):
GEHT GANZ LEICHT

1 kg säuerliche Äpfel (z. B. Gravensteiner) ♦ 4 EL Zitronensaft ♦ 1 EL Fruchtzucker

Zubereitungszeit: 30 Min. ♦ Kühlzeit: 1 Std. ♦ Eiweißgehalt: 0,5 g

1 Äpfel gut waschen und vierteln. Blütenansatz und Stiel herausschneiden, Schale und Kerngehäuse an den Früchten belassen.
2 Apfelviertel, Zitronensaft und Zucker in einem Topf aufkochen und zugedeckt bei mittlerer Hitze in 15–20 Minuten weich kochen. Heiß durch ein Sieb passieren.
3 Das Apfelmus abkühlen lassen und nach Bedarf portionsweise einfrieren.

Tipp

Größere Mengen auf Vorrat in Einmachgläser füllen und diese in der Mikrowelle, im Schnellkochtopf oder Ofen sterilisieren.

Beerengrütze

FÜR ca. 850 g ODER 20 PORTIONEN à 3 EL (ca. 45 g):
SCHMECKT AUCH KINDERN

600 g gemischte Beeren (z. B. Erdbeeren, Himbeeren, Johannisbeeren) ♦ 1/4 l Kirschsaft ♦ Saft von 1 Zitrone ♦ 1 1/2 EL Fruchtzucker ♦ 1 EL (10 g) Apfelpektin (Reformhaus)

Zubereitungszeit: 30 Min. ♦ Eiweißgehalt: 0,5 g

1 Die Beeren abbrausen, trockentupfen und verlesen. Große Erdbeeren klein schneiden.
2 Den Kirschsaft mit der Hälfte der Beeren, dem Zitronensaft sowie 1 EL Zucker aufkochen und zugedeckt bei kleiner Hitze 3 Minuten köcheln lassen.
3 Den Topf vom Herd nehmen, die Früchte fein pürieren. Das Pektin mit dem restlichen Zucker gut vermischen und langsam in die heiße Masse einrühren. Noch einmal zum Kochen bringen und 1 Minuten unter Rühren sprudelnd kochen lassen. Die restlichen Beeren in die heiße Masse einrühren und abkühlen lassen. Portionsweise einfrieren.

➤ ***Variante:*** Greifen Sie im Winter auf gemischte tiefgekühlte Beeren zurück.

Pesto rosso – Rotes Pesto

FÜR ca. 200 g ODER 8 PORTIONEN à 3 TL (ca. 25 g):
FÜR FREUNDE

2 EL Pinienkerne ♦ 50 g getrocknete Tomaten in Öl ♦ 2 Knoblauchzehen ♦ 3 Zweige Basilikum ♦ 4 EL kaltgepresstes Olivenöl ♦ 75 ml Gemüsefond (aus dem Glas) ♦ 50 g geriebener Parmesan ♦ Salz ♦ Pfeffer

Zubereitungszeit: 15 Min. ♦ Eiweißgehalt: 4 g

1 Pinienkerne in einer Pfanne ohne Fett rösten und abkühlen lassen. Tomaten abtropfen lassen und klein würfeln. Knoblauch schälen und grob hacken. Basilikumblatter abbrausen, trockentupfen und abzupfen.
2 Pinienkerne, Tomaten, Knoblauch und Basilikum mit dem Öl und dem Fond mischen und im Mixer oder mit dem Pürierstab fein pürieren. Den Parmesan untermischen und mit Salz und Pfeffer würzen. Das Pesto in ein Glas mit Schraubdeckel füllen und mit Olivenöl bedecken – so hält es sich im Kühlschrank ca. 1 Woche. Mit Spaghetti oder anderen Nudeln servieren.

Salsa verde – Grüne Sauce

FÜR ca. 200 g ODER 6–7 PORTIONEN à 3 TL (ca. 30 g):
GEHT GANZ LEICHT

2 dünne Frühlingszwiebeln ♦ 50 g gemischte Kräuter (z. B. Petersilie, Basilikum, Kerbel) ♦ 2 Knoblauchzehen ♦ 2 EL Kapern ♦ 1 EL Rotweinessig ♦ 50 ml Gemüsefond (aus dem Glas) ♦ 5 EL Olivenöl ♦ 1 EL Vollkorn-Semmelbrösel ♦ Salz ♦ Pfeffer

Zubereitungszeit: 15 Min. ♦ Eiweißgehalt: 1 g

1 Frühlingszwiebeln waschen, putzen und sehr fein würfeln. Die Kräuter abbrausen, trockentupfen, abzupfen und hacken. Knoblauch schälen und mit den Kapern hacken.
2 Frühlingszwiebeln, Kräuter, Knoblauch und Kapern mit dem Essig und dem Fond pürieren. Nach und nach das Olivenöl untermischen und die Semmelbrösel unterheben. Die Sauce salzen und pfeffern. In ein Glas mit Schraubdeckel füllen und mit Öl bedecken. So hält es sich im Kühlschrank ca. 1 Woche. Passt zu gedünstetem Fischfilet, zu hellem Fleisch oder frischer Pasta.

GLYX-Vinaigrette

FÜR ca. 220 ml VINAIGRETTE ODER 8 PORTIONEN à 2 EL:
BLITZSCHNELL GEMACHT

6 EL Weißweinessig ♦ Salz ♦ Pfeffer ♦ 6 EL kaltgepresstes Olivenöl ♦ 6 EL kaltgepresstes Rapsöl ♦ 6 TL Leinöl

Zubereitungszeit: 10 Min. ♦ Eiweißgehalt: 0 g

1 Den Essig, Salz und Pfeffer gründlich mit dem Schneebesen verquirlen, bis das Salz sich aufgelöst hat. Nach und nach Oliven-, Raps- und Leinöl in dünnem Strahl zugießen und zu einer cremigen Sauce verrühren

2 Die Basis-Vinaigrette in eine Flasche oder ein Glas mit Schraubdeckel füllen und im Kühlschrank aufbewahren. Dort hält sie sich mindestens 2 Wochen. Vor Gebrauch kräftig durchschütteln.

➤ ***Varianten:*** Für ein feines Knoblaucharoma die Salatschüssel mit einer Knoblauchzehe ausreiben. Für jeweils 4 Portionen können Sie folgende Würzzutaten einzeln zugeben:
1 TL Senf, 1 fein gewürfelte Schalotte, 1 EL gehackte Kräuter, einzeln oder gemischt (z. B. Schnittlauch, Petersilie, Estragon, Dill), 1 EL gehackte Kapern, 1 EL gewürfelte Gewürzgurke, 1 TL geriebener Meerrettich, 1 hart gekochtes, fein gewürfeltes Ei, 1 Messerspitze Curry oder 1 EL Sojasauce.

Tipp

Die Vinaigrette passt zu allen Blattsalaten, zu Tomaten- und Gurkensalat, aber auch zu kräftigem Bohnen-, Linsen- und Kartoffelsalat. Sie eignet sich gut als Dip zu Artischocken oder zum Marinieren von Spargel.

Joghurtsauce

FÜR ca. 350 g SAUCE ODER 8 PORTIONEN à 4 EL:
BLITZSCHNELL GEMACHT

300 g Naturjoghurt ♦ 2 EL Zitronensaft ♦ 1 EL Rapsöl ♦ 1 TL Leinöl ♦ Salz ♦ Pfeffer

Zubereitungszeit: 10 Min. ♦ Eiweißgehalt: 10 g

1 Den Joghurt mit Zitronensaft, Raps- und Leinöl cremig rühren. Mit Salz und Pfeffer kräftig würzen.

2 In eine gut schließende Flasche oder ein Glas mit Twist-Off-Deckel füllen und im Kühlschrank aufbewahren, wo sie sich gut verschlossen ca. 1 Woche hält.

➤ ***Varianten:*** Je nach Geschmack können Sie der Sauce für jeweils 4 Portionen noch folgende Zutaten zugeben:
2 EL gehackte Kräuter (z. B. Schnittlauch, Petersilie, Dill, Zitronenmelisse, Basilikum), 1 TL fein abgeriebene unbehandelte Zitronen- oder Orangenschale, 1 durchgepresste Knoblauchzehe, 5 zerdrückte grüne Pfefferkörner, 1 TL fein geriebener frischer Ingwer.

Tipp

Die Joghurtsauce eignet sich für Blattsalate ebenso wie für Rohkost, passt aber auch zu gekochten Hülsenfrüchten oder Nudelsalaten. Sie begleitet Salate mit Früchten sehr gut und kann als Sauce zu vegetarischen Frikadellen (z. B. aus Gemüse, Getreide oder Hülsenfrüchten) sowie zu gebratenem Fisch serviert werden. Sie ist aber auch eine gute Grundlage für einen Dip, der mit Kräutern, Knoblauch oder Currypulver variiert werden kann.

Die Alles-nur-nicht-Kochen-Küche

Im Handumdrehen und ohne grossen Aufwand rundum GLYX-lich

Null Zeit und keine Lust auf Kunst am Kochtopf? Nur Hunger auf was Feines? Kein Problem. Hier finden Sie 93 Rezepte aus der Schnellkoch-Zauberkiste. Dreimal blinzeln genügt, und schon wachsen Ihnen Birnen mit Roquefort-Quark in den Mund, Thunfisch-Bruschetta oder ein Hähnchen-Curry. Fast. Auf jeden Fall sind die Rezepte im Nu gemacht – auch von Menschen, die noch nie einen Zauberstab, Verzeihung Kochlöffel, hielten.

Um Ihnen möglichst viele Rezepte aus der Alles-nur-nicht-Kochen-Küche bieten zu können, verzichten wir in den Anleitungen darauf, Gemüse und Obst jeweils explizit zu waschen und zu putzen und beschreiben stattdessen nur die weitere Verwendung. (Jeweils für 1 Person)

Aprikosen mit Schokosauce
3 ungesüßte Aprikosenhälften (Glas) anrichten. Mit 40 g geschmolzener Bitterschokolade beträufeln und mit 1 TL gehackten Pistazien bestreuen. Eiweiß: 4 g

Artischockensalat
4 Artischockenherzen (Dose) vierteln und 100 g Kirschtomaten halbieren, 3 Blätter Romanasalat in Streifen schneiden. Mit 2 EL Vinaigrette aus dem Vorrat anmachen. Dazu: 1 Scheibe Roggen-Sauerteigbrot (ca. 45 g). Eiweiß: 6 g

Avocado-Cocktail
1/2 Avocado würfeln, 4 Erdbeeren halbieren. Beides locker mit 60 g Shrimps vermischen und mit 2 EL Limettensaft, Salz und Pfeffer abschmecken. 1 Klecks saure Sahne darauf setzen. Dazu: 1 Scheibe Pumpernickel (ca. 30 g). Eiweiß: 16 g

Beeren-Quark
200 g Magerquark mit 1 TL Honig und 2 EL Mineralwasser glatt rühren. 200 g angetaute TK-Beerenmischung (Erdbeeren, Himbeeren, Johannisbeeren, Brombeeren) untermischen und mit 2 EL Vollkorn-Haferflocken bestreuen. Eiweiß: 30 g

Birnen mit Roquefort-Quark
1 Birne ohne Kerngehäuse in Spalten schneiden. 40 g Roquefort zerdrücken, mit 100 g Quarkcreme, Salz, Pfeffer und 2 TL Zitronensaft vermischen. Mit Pfeffer übermahlen. Dazu: 1 Scheibe Vollkorntoast. Eiweiß: 24 g

Blitz-Gazpacho
1 Schalotte und 1 Knoblauchzehe hacken, mit 1/4 l Tomatensaft, 1 EL Olivenöl und 1 TL Essig pürieren. Mit Salz, Pfeffer und Tabasco kräftig würzen. 100 g Salatgurke und 1 helle Spitzpaprika putzen und würfeln, untermischen. Dazu: 1 Scheibe Vollkorntoast. Eiweiß: 5 g

Blumenkohl-Garnelen-Suppe
200 g TK-Blumenkohl in 1/4 l Gemüsebrühe 5–8 Minuten köcheln. Ein Drittel herausnehmen, Rest pürieren. 60 g Garnelen in der Brühe erhitzen. Blumenkohlröschen hineingeben und mit Salz, Pfeffer und 1 TL Zitronensaft würzen. Eiweiß: 15 g

Bohnen mit Tunfischsauce
150 g grüne Bohnen (TK) mit 1/8 l Gemüsebrühe dünsten. 50 g Thunfisch im eigenen Saft (Dose) mit 3 Zweigen gehackter Petersilie, 1 TL Zitronensaft pürieren. 75 g Naturjoghurt unterrühren, salzen und pfeffern. Dazu: 1 Scheibe Vollkorntoast. Eiweiß: 17 g

Bohnen-Paprika-Pfanne
1 Zwiebel in kleine Würfel, je 1 kleine rote und gelbe Paprika in Streifen schneiden. Alles in 1 EL Olivenöl 5 Minuten dünsten, mit Salz, Pfeffer und 1 TL Oregano kräftig würzen. 100 g weiße Bohnen (Dose) mit erhitzen. Eiweiß: 9 g

Bohnensalat mit Makrele
80 g Kidneybohnen (Dose) abtropfen lassen. 1/2 kleine weiße Zwiebel in Ringe, 1 Tomate in Spalten schneiden. Salzen, pfeffern und mit je 1 TL Weißweinessig und Olivenöl beträufeln. 75 g geräuchertes Makrelenfilet in Stücke teilen, darauf verteilen. Dazu: 1 Scheibe Pumpernickel (ca. 30 g). Eiweiß: 22 g

Bündner Fleisch auf Kohlrabi
1 Kohlrabi in dünne Scheiben schneiden und dachziegelartig anordnen. 50 g Bündner Fleisch in Streifen schneiden und darauf verteilen. Mit 2 EL Vinaigrette aus dem Vorrat beträufeln und mit 30 g geraspeltem Pecorino bestreuen. Eiweiß: 26 g

Champignon-Pizza
1 runden Vollkorn-Pizzaboden (Packung, Reformhaus) mit 1 TL Olivenöl und 3 EL Tomatenpüree bestreichen. 2 Champignons und 1 Tomate in Scheiben schneiden, den Boden damit belegen. Mit Salz, Pfeffer und 1 TL Oregano würzen. Mit 1 EL Edamer bestreuen und 10 Minuten bei 200° backen. Eiweiß: 9 g

Chicorée-Apfel-Salat
1 Staude Chicorée und 1/2 Apfel klein würfeln, mischen, mit 1 EL Zitronensaft beträufeln, salzen und pfeffern. 100 g Naturjoghurt darüber geben, mit 30 g zerbröckeltem Roquefort bestreuen. Dazu: 1 Scheibe Pumpernickel (ca. 30 g). Eiweiß: 14 g

Chili con carne
1 kleine Zwiebel und 1/2 rote Paprika fein würfeln und mit 100 g Tatar in 1 TL Olivenöl braten. 6 EL Gemüsebrühe angießen und köcheln. 100 g Pizza-Tomaten (Dose) und 80 g Kidneybohnen (Dose) einrühren. Aufkochen, mit Salz, Pfeffer und Sambal oelek pikant abschmecken. Eiweiß: 29 g

China-Pfanne
100 g Hähnchenfilet in Streifen schneiden, in 1 TL Öl in einer Pfanne anbraten. 300 g TK-Mischung Chinesisches Pfannengemüse zugeben, 4 Minuten bei hoher Hitze anbraten, 4 Minuten weiterbraten. Dazu: 50 g Parboiled-Kurzzeit-Naturreis. Eiweiß: 35 g

Couscous-Gemüsesuppe
150 g TK-Suppengemüse und 30 g Couscous in 1 TL Olivenöl andünsten. Mit 300 ml Gemüsebrühe aufkochen, 5 Minuten quellen lassen. Mit Salz, Pfeffer und 1 TL Pesto abschmecken. Eiweiß: 10 g

Couscous-Salat
50 g Couscous in 1/8 l heißer Gemüsebrühe 3 Minuten quellen lassen. 2 Tomaten klein würfeln, mit 2 EL Zitronensaft und 1 EL Olivenöl locker unterheben. Salzen und pfeffern. 40 g Feta darüber bröckeln. Eiweiß: 18 g

Eier-Häckerle
1 hart gekochtes Ei grob hacken, 2 getrocknete Tomatenstreifen fein würfeln. Beides mit 1 EL saurer Sahne, Salz und Pfeffer verrühren. Auf 1 Scheibe Roggen-Sauerteigbrot anrichten. Mit etwas Kresse bestreuen. Eiweiß: 11 g

Feta-Quark mit Paprika
50 g Naturjoghurt und 40 g Feta pürieren. 80 g Quarkcreme, Salz und Pfeffer untermischen. 2 TL gehackte Kürbiskerne, 1 EL Gemischte Kräuter (TK) sowie 1 TL Olivenöl unterrühren. Dazu: 1 rote Paprikaschote in Streifen und 1 Scheibe Pumpernickel (ca. 30 g). Eiweiß: 31 g

Feta-Toast
2 Scheiben Vollkorntoast rösten, mit je 1 / 2 TL Tapenade bestreichen. 1 Toast mit 50 g Feta in Scheiben, 2 Scheiben Tomaten, 1/2 fein geschnittenen Frühlingszwiebel und 3-4 Blättern Blattspinat belegen. Mit der zweiten Scheibe bedecken, halbieren. Eiweiß: 17 g

Fisch-Spinat-Gratin
150 g TK-Spinat mit 3 EL Gemüsebrühe 7 Minuten dünsten, salzen und pfeffern. In eine Gratinform geben. 1 angetautes TK-Kabeljaufilet darauf legen, mit 1 / 2 TL Pesto bestreichen. 50 g Mozzarella und 1 Tomate in

Scheiben schneiden, überlappend darauf legen. Im Ofen 10 Minuten bei 220° überbacken. Dazu: 2 Scheiben Baguette (ca. 30 g). Eiweiß: 37 g

Fruchteis

30 ml ungesüßten Fruchtsaft (z. B. Orangen-, Kirsch- oder Multivitaminsaft) in ein spezielles Förmchen zur Eiszubereitung gießen. Mit dem Stieldeckel verschließen und einfrieren. Eiweiß: 0 g

Garnelen-Gemüse-Pfanne

300 g TK-Pfannengemüse 4 Minuten braten. 80 g geschälte Riesengarnelen und 5 halbierte Kirschtomaten untermischen, 4 Minuten mitbraten. Dazu: 50 g gegarter Parboiled-Reis. Eiweiß: 23 g

Gebratener China-Reis

50 g Parboiled-Kurzzeit-Reis kochen. 300 g TK-Mischung Chinesisches Pfannengemüse 4 Minuten anbraten. Den Reis untermischen, unter Rühren 5 Minuten mitbraten. Eiweiß: 11 g

Gefülltes Zucchini-Brötchen

Von 1 Roggen-Vollkornbrötchen einen flachen Deckel abschneiden. Krume aus dem Brötchen lösen, fein zerbröseln. 50 g Zucchini klein würfeln, mit der Krume in 1 EL Olivenöl 3 Minuten braten. Mit Salz, Pfeffer und 1 TL Pesto würzen. Das Brötchen damit füllen. Eiweiß: 6 g

Gemüsecremesuppe

200 ml Gemüsesaft (Glas) mit 1/8 l Gemüsebrühe aufkochen, mit Salz, Pfeffer und edelsüßem Paprikapulver abschmecken. 1 EL saure Sahne unterrühren und mit 1 EL Schnittlauchröllchen bestreuen. Dazu: 1 Roggen-Vollkornbrötchen. Eiweiß: 6 g

Gemüse-Nudel-Suppe

150 g TK-Suppengemüse und 30 g Suppen-Vollkornnudeln in 400 ml Gemüsebrühe 7 Minuten köcheln. Salzen und pfeffern. Dazu: Kirschtomaten und 1 EL Parmesan. Eiweiß: 14 g

Gemüse-Sandwich

1 kleines Vollkorn-Roggenbrötchen halbieren und mit 2 TL Frischkäse bestreichen. Die untere Hälfte mit 1 Salatblatt, 1 Scheibe Bergkäse, 2 Gurken- und 4 Radieschenscheiben belegen. Mit der zweiten Brötchenhälfte bedecken. Eiweiß: 13 g

Hähnchen-Curry

100 g Hähnchenfiletwürfel in 2 TL Öl anbraten. 1/2 gewürfelte Zwiebel mitbraten. Mit 1 TL Curry bestäuben, 150 g stückige Tomaten und 3 EL Wasser einrühren, 10 Minuten köcheln. Mit Salz und Pfeffer würzen. Dazu: 50 g Parboiled-Kurzzeit-Reis. Eiweiß: 28 g

Hähnchenfilet mit Mango-Salsa

1/2 Mango würfeln, mit 2 EL Limettensaft, Salz, Pfeffer und 2 TL Rapsöl mischen. 1 Hähnchenfilet pfeffern, in 2 TL Öl 5 Minuten braten. Schräg aufschneiden, salzen und zur Mango servieren. Dazu: 2 Scheiben Baguette (ca. 30 g). Eiweiß: 30 g

Hähnchenspieß

100 g Hähnchenfilet und 1/2 rote Paprika in Stücke schneiden. Mit 50 g kleinen Champignons auf zwei Spieße stecken, in 2 TL Rapsöl 8–10 Minuten braten. Mit 1/2 TL Thymian, 2 TL Zitronensaft, Salz und Pfeffer würzen. Dazu: 2 EL Naturjoghurt und 1 Scheibe Vollkornbrot (ca. 45 g). Eiweiß: 31 g

Halbgefrorene Himbeercreme

150 g TK-Himbeeren unaufgetaut mit 1 TL Fruchtzucker und 1 EL Zitronensaft mischen. 10 Min. antauen lassen, cremig pürieren. Mit 2 EL Joghurt anrichten. Eiweiß: 3 g

Heilbuttfilet auf Gemüse
300 g TK-Mischung Italienisches Gemüse 8 Minuten Braten. 2 schwarze Oliven hacken, untermischen. 150 g Heilbuttfilet salzen, pfeffern und mit 1 TL grüner Tapenade bestreichen. Auf das Gemüse legen und in 7 Minuten garen. Eiweiß: 7 g

Kaki-Hüttenkäse
1 reife Kaki schälen, das Fruchtfleisch zerdrücken. Mit 100 g körnigem Frischkäse, 1 EL Weizenkeimen und 1 TL Zitronensaft mischen. Mit 2 TL gehackten Pistazien bestreuen. Eiweiß: 19 g

Kartoffelsalat
Etwa 100 g Pellkartoffel schälen und mit 5 Radieschen und 1 Gewürzgurke in dünne Scheiben schneiden. Mischen und mit 1 EL Rotweinessig, 1 TL Walnuss- und 2 TL Rapsöl beträufeln, salzen und pfeffern. Eiweiß: 3 g

Kaviar-Ei-Brot
1 Scheibe Roggen-Vollkornbrot mit 2 EL körnigem Frischkäse bestreichen. 1 hart gekochtes Ei in Scheiben darauf verteilen. Mit 2 TL Keta-Kaviar und etwas Kresse bestreuen. Eiweiß: 17 g

Kirschquark
75 g ungesüßte Sauerkirschen (Glas) abtropfen, mit 125 g Magerquark, 2 TL Fruchtzucker, 1 EL Kirschsaft und 1 Prise Zimt verrühren. Eiweiß: 18 g

Kohlrabi mit Kichererbsen-Dip
100 g Kichererbsen (Dose) abtropfen lassen, 1 Schalotte fein würfeln. Beides mit 2 EL Zitronensaft, 5 EL Gemüsefond und 1 EL Olivenöl cremig pürieren. Mit Salz, Pfeffer und Cayennepfeffer würzen. Dazu: 1 zarter Kohlrabi in Stifte geschnitten, 2 Pumpernickeltaler. Eiweiß: 12 g

Kräuter-Cremesuppe
50 g gemischte TK-Kräuter (z. B. Petersilie, Basilikum, Dill) mit 2 TL Olivenöl und 1/4 l Gemüsefond aufkochen. 2 EL vegetarische Crème fraîche einrühren, mit Salz, Pfeffer und Muskat würzen. Dazu: 1 Scheibe Vollkorntoast. Eiweiß: 4 g

Lachskotelett mit Kräuter-Joghurt
150 g Lachskotelett mit 1 TL Olivenöl einpinseln, pfeffern. In einer Grillpfanne rundum 6–8 Minuten braten. 100 g Naturjoghurt mit 25 g TK-Kräutern pürieren, mit Salz, Pfeffer und 1 TL Zitronensaft würzen. Dazu: 100 g Pellkartoffeln. Eiweiß: 36 g

Lachs-Tatar
100 g frisches Lachsfilet und 100 g Rettich klein würfeln, mit 2 EL Limettensaft, 1 TL Wasabi, 1 TL Sesamöl, 2 TL Sojasauce, Salz und Pfeffer mischen. Mit 1 EL Schnittlauchröllchen bestreuen. Dazu: 1 Scheibe Vollkorntoast. Eiweiß: 23 g

Lammfilet mit dicken Bohnen
100 g Lammfilet in 2 TL Olivenöl mit 1 TL gehackten Rosmarin 5 Minuten braten. Salzen, pfeffern und in Alufolie ruhen lasen. 200 g TK-Suppengemüse in 6 EL Gemüsebrühe dünsten. 100 g dicke weiße Bohnen (Dose) untermischen, salzen, pfeffern und zum Lamm essen. Eiweiß: 32 g

Linsensalat mit Ziegenkäse
100 g braune Linsen (Dose) mit 1 in feine Ringe geschnittenen Frühlingszwiebel und 5 halbierten Kirschtomaten mischen. Mit 1 EL Rotweinessig, Salz, Pfeffer und 1 EL Olivenöl anmachen. 40 g Ziegenkäse darüber bröckeln. Eiweiß: 20 g

Makrele auf Linsengemüse
3 Frühlingszwiebeln fein schneiden, in 1 EL Olivenöl kurz andünsten. 2 Tomaten würfeln,

mit 100 g Linsen (Dose) zugeben. Mit Salz, Pfeffer und 2 TL Essig abschmecken. 100 g geräuchertes Makrelenfilet in Stücken darauf legen. Eiweiß: 32 g

Makrele mit Paprika-Salsa

1 grüne Spitzpaprika und 1 Tomate sehr fein würfeln, mit 1–2 EL Limettensaft, Salz, Pfeffer und 1 EL Rapsöl mischen. 1 EL Korianderblätter darüber streuen. Mit 100 g geräuchertem Makrelenfilet genießen. Dazu: 1 Scheibe Roggen-Vollkornbrot (ca. 45 g). Eiweiß: 25 g

Marinierte Hähnchenbrust

80 g gegarten Hähnchenbrust-Aufschnitt auf einem Teller auslegen. 2 EL GLYX-Vinaigrette aus dem Vorrat mit 2 TL Kapern mischen, darüber träufeln. Mit Basilikumblättchen belegen. Dazu: 1 Scheibe Roggen-Vollkornbrot (ca. 45 g). Eiweiß: 21 g

Marinierter Lachs

200 g Salatgurke in Scheiben schneiden und mit 100 g Graved Lachs in Scheiben anrichten. 2 EL Limettensaft, 1/2 TL Honig und 1 Msp. Ingwer verrühren, darüber träufeln. Mit 1 TL Sesam bestreuen. Dazu: 1 Scheibe Vollkorntoast. Eiweiß: 24 g

Matjes-Brötchen

1 kleines Roggen-Vollkornbrötchen halbieren, mit 1 TL Schmand bestreichen. Darauf 1 Salatblatt, 1 halbiertes Matjesfilet und 2 Scheiben Gewürzgurke anrichten. 1 TL Schmand und etwas Dill darauf geben, mit der zweiten Brötchenhälfte bedecken. Eiweiß: 16 g

Matjes mit Frühlingszwiebel-Käse

50 g körniger Frischkäse mit 100 g Magerquark mischen, salzen und pfeffern. 1 Frühlingszwiebel klein schneiden, unterheben. Mit 1 Matjesfilet anrichten. Dazu: 1 Scheibe Pumpernickel (ca. 30 g). Eiweiß: 16 g

Meerrettich-Dickmilch mit Forelle

100 g Dickmilch mit 1 TL geriebenem Meerrettich und 1 TL Zitronensaft verrühren. 1/2 kleinen Apfel grob raspeln und unterheben. Mit 1 geräucherten Forellenfilet anrichten. Dazu: 1 Scheibe Pumpernickel (ca. 30 g). Eiweiß: 23 g

Milchreis mit Beeren

50 g Kurzzeit-Milchreis mit 1 TL Honig in 1/8 l Milch ausquellen lassen. Mit 1 Prise Zimt würzen. 125 g aufgetaute Beeren locker untermischen. Eiweiß: 8 g

Milchreis mit Kiwipüree

1 Kiwi grob würfeln, mit 1 TL Zitronensaft und 1 TL Ahornsirup fein pürieren. Über 100 g fertigem Vanille-Milchreis verteilen. Eiweiß: 2 g

Obatzter

100 g Magerquark mit 1 EL Mineralwasser glatt rühren. 40 g Brie und 1/2 Schalotte sehr klein würfeln, mit Salz, Pfeffer, 1/4 TL rosenscharfem Paprikapulver und 1 TL Zitronensaft untermischen. Dazu: 1 Scheibe Vollkornbrot (ca. 45 g). Eiweiß: 26 g

Obstsalat

200 g TK-Früchte (z. B. Beeren, tropische Früchte) mit 1 EL Zitronensaft und 1 TL Honig beträufeln. Zugedeckt auftauen lassen. Mit 1 EL Sahnejoghurt servieren. Eiweiß: 1 g

Paprika-Brötchen

1/2 gelbe Paprikaschote in Streifen schneiden, in 2 TL Olivenöl 5 Minuten dünsten. 1 kleines Roggen-Vollkornbrötchen aufschneiden und mit 1 EL Ricotta bestreichen. Mit Paprikastreifen und 3 Basilikumblätter belegen, salzen und pfeffern. Mit der zweiten Brötchenhälfte bedecken. Eiweiß: 7 g

Die Fettzelle sagt: Nein Danke! Roastbeef mit Papaya

Pellkartoffeln mit Ajvar-Quark
Etwa 100 g Pellkartoffeln kochen. 150 g Magerquark mit 1 EL Mineralwasser, Salz, Pfeffer und 1 TL Zitronensaft verrühren. 1 EL Ajvar untermischen. Zu den Kartoffeln servieren. Eiweiß: 23 g

Pellkartoffeln mit Avocadodip
Etwa 100 g Pellkartoffeln kochen. Fruchtfleisch von 1/2 Avocado mit 1 EL Zitronensaft und 100 g Naturjoghurt pürieren. Mit Salz, Pfeffer und Tabasco würzen. Zu den Kartoffeln reichen. Eiweiß: 7 g

Penne mit Pfeffer und Petersilie
50 g Penne bissfest kochen. In einem vorgewärmten Teller mit 2 EL geriebenem Parmesan, 1 TL grob gemahlenem Pfeffer und 2 EL Nudelkochwasser mischen. Mit den Blättchen von 1/2 Bund Petersilie bestreuen. Eiweiß: 14 g

Penne mit Spinatsauce
50 g Penne bissfest kochen. 250 g TK-Spinat in 75 ml Gemüsebrühe dünsten. Mit Salz, Pfeffer und Muskat würzen. 80 g körnigen Frischkäse untermischen. Die Nudeln mit der Sauce anrichten. Eiweiß: 28 g

Pfannengemüse-Nudeln
300 g italienisches TK-Pfannengemüse nach Packungsanweisung dünsten. 50 g Spaghetti kochen und untermischen. Mit 1 EL geriebenem Parmesan bestreuen. Eiweiß: 17 g

Putenbrust mit Apfesalat
1 Apfel klein würfeln. Mit 1/2 TL braunem Rohrzucker, 1 EL Weißweinessig, 1 TL körnigem Senf und 2 TL Walnussöl und 1 EL gehackter Petersilie mischen. Dazu: 60 g geräucherte Putenbrust und 1 Scheibe Vollkornbrot (ca. 45 g). Eiweiß: 19 g

Putenbrust mit Rohkost-Quark
1 Möhre raspeln, 1 Frühlingszwiebel fein schneiden. Beides mit 150 g Magerquark mischen und mit Salz, Pfeffer und 2 TL Zitronensaft würzen. Dazu: 60 g geräucherte Putenbrust in Scheiben und 1 Scheibe Roggen-Knäckebrot. Eiweiß: 37 g

Putenfilet mit Joghurt-Tomaten-Sauce
100 g Putenbrust in 1 TL Rapsöl braten, mit 1 TL Sesam bestreuen. 200 g Pizza-Tomaten (Dose) erhitzen, mit Salz, Pfeffer und 1/2 TL Kreuzkümmel würzen. Vom Herd ziehen und 2 EL Naturjoghurt unterrühren. Mit 3 gehackten Minzblättchen bestreuen. Eiweiß: 28 g

Putenschnitzel mit Zucchini
100 g Putenschnitzel salzen und pfeffern, in 1 TL Olivenöl 5 Minuten braten. 1 Zucchini in Scheiben schneiden, unter Wenden 5 Minuten mitbraten, salzen und pfeffern. 2 TL Kapern zufügen, mit 1 EL grob gehackter Petersilie bestreuen. Dazu: 2 Scheiben Baguette (ca. 30 g). Eiweiß: 29 g

Räucherlachs mit Senf-Quark

100 g Magerquark mit 2 EL Naturjoghurt, 1 TL körnigem Senf und 1 TL Olivenöl cremig rühren, salzen und pfeffern. Dazu: 50 g Räucherlachs in Scheiben und 1 Scheibe Pumpernickel (ca. 30 g). Eiweiß: 33 g

Roastbeef mit Papaya

1/2 Papaya in Spalten schneiden, anrichten. 1/2 kleine rote Zwiebel fein würfeln und darüber streuen. 1 EL Himbeeressig mit Salz, Pfeffer und 2 TL Olivenöl verrühren, darüber träufeln. Dazu: 80 g Roastbeef in Scheiben und 1 Scheibe Vollkornbrot (ca. 45 g). Eiweiß: 23 g

Rohkostreis

50 g Parboiled-Kurzzeit-Naturreis in 100 ml Gemüsebrühe garen. Je 50 g Zucchini und Möhre grob raspeln, untermischen. Mit 30 g geriebenem Emmentaler bestreuen. Eiweiß: 15 g

Rosmarin-Lachs mit grünen Bohnen

150 g Lachsfilet mit Haut salzen, pfeffern und in 2 TL Olivenöl 2 Minuten braten. 1 TL gehackten Rosmarin zugeben, das Filet wenden, 5 Minuten ziehen lassen. 150 g grüne Bohnen (TK) in 6 EL Gemüsebrühe dünsten. Mit Salz, Pfeffer und 1/ 2 TL Thymian würzen. Dazu: 2 kleine Pellkartoffeln. Eiweiß: 37 g

Rosmarin-Pasta

75 g Tatar in 1 EL Olivenöl mit 1 zerdrückten Knoblauchzehe und 1 TL Rosmarin anbraten. 150 g stückige Tomaten (Dose) zugeben, salzen, pfeffern. 50 g bissfest gekochte Spiralnudeln untermischen und mit 1 EL Parmesan bestreuen. Eiweiß: 28 g

Rote Linsensuppe

2 Frühlingszwiebeln hacken, zwei Drittel mit 50 g roten Linsen in 2 TL Olivenöl andunsten. 2 TL Tomatenmark und 1/4 l Gemüsefond zugeben, 5 Minuten köcheln. Mit 1–2 TL Essig und Tabasco würzen. Zwiebeln darüber streuen. Eiweiß: 15 g

Salatherzen mit Avocado-Dressing

1 Salatherz (z. B. vom Kopfsalat) halbieren. 4 Radieschen putzen und in Scheiben schneiden. Fruchtfleisch 1/2 reifen Avocado mit 1 EL Zitronensaft und 5 EL Gemüsefond pürieren, 2 EL Naturjoghurt untermischen. Mit Salz, Pfeffer und Chilipulver würzen. 1 Schalotte fein würfeln, unterziehen. Dressing unter den Salat heben. Dazu: 1 Scheibe Roggen-Vollkornbrot (ca. 45 g). Eiweiß: 6 g

Sauerkraut-Brot

1 kleine Zwiebel würfeln und mit 150 g Sauerkraut in 1 EL Öl anbraten. 2 EL Apfelsaft zugeben, mit Salz, Pfeffer und 1/2 TL edelsüßem Paprikapulver würzen. Auf 1 Scheibe Roggen-Sauerteigbrot (ca. 45 g) geben, mit 1 EL geriebenem Edamer bestreuen. Eiweiß: 7 g

Sauerkraut-Salat mit Trauben

150 g Sauerkraut mit 2 TL Aceto Balsamico, 1 TL Birnendicksaft und 1 EL Rapsöl anmachen. 50 g kernlose helle Weintrauben halbieren und unterheben. 2 EL Naturjoghurt darauf klecksen. Dazu: 1 Scheibe Pumpernickel (ca. 30 g). Eiweiß: 5 g

Schafkäse-Nudeln

50 g Bandnudeln kochen. 40 g mit Paprika gefüllte Oliven in Scheiben schneiden, 60 g Feta zerbröckeln. Beides mit Nudeln, Salz, Pfeffer und 1 EL Olivenöl mischen. Mit 1 EL gehackter Petersilie bestreuen. Eiweiß: 23 g

Schollenfilet in Tomatensauce

150 g Schollenfilet mit 1 EL Zitronensaft, Salz und Pfeffer würzen. 150 g passierte Tomaten mit 6 EL Fischfond verrühren, 5 Minuten köcheln. Den Fisch darin gar ziehen lassen. Mit frischer Kresse bestreuen. Eiweiß: 28 g

Spaghetti piccante
2 TL Kapern, 2 Sardellen, 1 Knoblauchzehe und 1/2 Peperoni hacken. In 1 EL Olivenöl andünsten. 100 g gehackte Tomaten (Dose) zugeben und 5 Minuten köcheln. 50 g Spaghetti kochen und untermischen. Eiweiß: 13 g

Spargel mit Mozzarella
200 g grünen Spargel in 1/8 l Gemüsebrühe 7 Minuten dünsten, mit Salz, Pfeffer und 2 TL Olivenöl würzen. 50 g Mozzarella in Scheiben schneiden und auf dem heißen Spargel schmelzen. Dazu: 2 Scheiben Parmaschinken und 1 Scheibe Vollkorntoast. Eiweiß: 27 g

Spargel-Nudeln mit Pesto
200 g grünen Spargel in 4 cm lange Stücke schneiden und mit 50 g Spaghetti bissfest kochen. Abgießen, mit 3 TL Pesto anrichten. Mit 1 EL Parmesan bestreuen. Eiweiß: 19 g

Tatarbrot
75 g Tatar mit 1/2 fein gewürfelten Schalotte, Salz, Pfeffer, 1/4 TL edelsüßem Paprikapulver und 1 TL Olivenöl mischen. Auf 1 Scheibe Roggen-Vollkornbrot streichen. Mit 2 TL Kapern bestreuen, mit Kresse garnieren. Eiweiß: 19 g

Thunfisch-Bruschetta
1 Scheibe Roggen-Vollkornbrot (etwa 45 g) toasten. 50 g Thunfisch im eigenen Saft (Dose) abtropfen lassen. 1 kleine Tomate entkernen, würfeln. Beides mit Salz, Pfeffer und 2 TL Zitronensaft mischen. Auf das Brot geben und mit Basilikum garnieren. Eiweiß: 13 g

Thunfischsalat
80 g Thunfisch im eigenen Saft (Dose) abtropfen lassen, zerpflücken. 1/2 kleine rote Zwiebel und 1 Tomate würfeln, unter den Thunfisch mischen. Mit 1 EL Essig, Salz, Pfeffer und 1 EL Olivenöl würzen. Dazu: 2 Scheiben Baguette (ca. 30 g). Eiweiß: 18 g

Thunfisch-Wrap
1 Wrap (Packung) in einer heißen Pfanne 1–3 Minuten erwärmen. Mit 1 EL saurer Sahne bestreichen. 40 g Thunfisch im eigenen Saft (Dose) zerpflücken, 4 Kirschtomaten und 1 Frühlingszwiebel in Scheiben schneiden. Alles auf dem Wrap verteilen, salzen und pfeffern. Aufwickeln. Eiweiß: 10 g

Tomatenbrot mit Rucola
1 Scheibe Roggen-Vollkornbrot mit 2 TL Olivenöl beträufeln. Mit 2 EL Magerquark bestreichen, mit 1–2 TL Zitronensaft und Pfeffer würzen. Darauf 1 Tomate in Scheiben und etwas Rucola anrichten. Eiweiß: 9 g

Tomaten-Champignons
200 g kleine Champignons in 1 EL Olivenöl anbraten, mit Salz, Pfeffer und 1/2 TL Thymian würzen. 6 EL Gemüsebrühe und 1 EL Schmand zugeben, 5 Minuten köcheln. 100 g Kirschtomaten halbieren, zugeben. Dazu: 1 Scheibe Vollkornbrot (ca. 45 g). Eiweiß: 12 g

Tomaten-Gurken-Carpaccio
2 kleine Tomaten und 150 g Salatgurke in Scheiben schneiden, dachziegelartig anrichten. Salzen, pfeffern, mit je 1 EL Zitronensaft, Essig sowie Olivenöl beträufeln. 40 g Feta darüber bröckeln. Dazu: 1 Stück Fladenbrot (ca. 30 g). Eiweiß: 15 g

Tomaten-Kapern-Salat mit Putenbrust
200 g Kirschtomaten halbieren, mit 2 TL kleinen Kapern, 1 EL Kapernsud und 1 EL Olivenöl vermischen. Salzen und pfeffern. Dazu: 60 g Putenbrust-Aufschnitt und 2 Scheiben Baguette (ca. 30 g). Eiweiß: 18 g

Tomaten-Mozzarella-Brot
1 Tomate und 30 g Mozzarrella klein würfeln. 2 schwarze Oliven fein hacken, 2 Basilikumblätter streifig schneiden. Alles vorsichtig mischen, leicht salzen und pfeffern. Auf

1 Scheibe Roggen-Vollkornbrot verteilen. Eiweiß: 9 g

Tomaten-Mozzarella-Salat
2 Tomaten achteln, 1 Hand voll Rucola grob schneiden, 50 g Mozzarella würfeln. Alles mischen, salzen, pfeffern. Mit 2 TL Aceto Balsamico und 1 EL Olivenöl beträufeln. Dazu: 1 Stück Fladenbrot (ca. 30 g). Eiweiß: 13 g

Tomatensuppe
Je 1 kleine Zwiebel und Knoblauchzehe hacken, in 2 TL Olivenöl dünsten. Mit 200 g passierten Tomaten und 1/8 l Gemüsebrühe 5 Minuten köcheln. Salzen und pfeffern. 80 g Kichererbsen (Dose) darin erhitzen. Mit 2–3 Basilikumblätter bestreuen. Dazu: 1 Scheibe Roggen-Vollkornbrot (ca. 45 g). Eiweiß: 14 g

Tomaten-Tofu
2 Tomaten mit 150 g Tofu in Scheiben schneiden, überlappend auf einem Teller auslegen. Mit 2 EL Zitronensaft, 1 EL Sojasauce, 1/2 TL Sesamöl und 2 TL Erdnussöl beträufeln, pfeffern. Mit 1 TL Sesam bestreuen. Dazu: 1 Scheibe Roggen-Vollkornbrot (ca. 45 g). Eiweiß: 17 g

Tortellini mit Tomatensauce
50 g Tortellini mit Spinat-Ricotta-Füllung (Kühlregal) kochen. 1 Frühlingszwiebel fein schneiden, in 2 TL Olivenöl kurz dünsten. 150 g stückige Tomaten (Dose) zugeben, köcheln lassen, salzen und pfeffern. Mit den Tortellini anrichten, mit je 1 EL Parmesan und Basilikum bestreuen. Eiweiß: 11 g

Tsatsiki-Brot
Etwa 100 g Salatgurke grob raspeln, 1 Frühlingszwiebel fein schneiden. Beides mit 150 g Quarkcreme mischen, mit Salz, Pfeffer, 1 TL Zitronensaft und 1 zerdrückten Knoblauchzehe würzen. Auf 1 Scheibe Vollkornbrot (ca. 45 g) anrichten. Eiweiß: 27 g

Der Junggeselle sagt: Easy!
Tortellini mit Tomatensauce

Vollkorngrieß mit Erdbeeren
175 ml Milch aufkochen, 50 g Vollkorngrieß einstreuen und 2–3 Min. quellen lassen. Mit 1 TL Ahornsirup und 1 EL Orangensaft abschmecken. 200 g Erdbeeren klein schneiden und darauf anrichten. Eiweiß: 13 g

Zwiebelbrot
1 Scheibe Roggen-Sauerteigbrot mit 1 EL Schmand bestreichen. 2 kleine Zwiebeln oder Schalotten in feine Ringe schneiden, in 2 TL Öl 5 Minuten dünsten. Mit Salz, Pfeffer und Muskat abschmecken. Zwiebeln auf dem Brot verteilen und mit 1 TL grob gehackter Petersilie bestreuen. Eiweiß: 4 g

Zum Nachschlagen

Sachregister

Rezeptregister

Die GLYX-Diät sollte möglichst GLYX-niedrig und eiweißreich sein. Unverbesserliche, die den Überblick über die Energiezufuhr nicht verlieren wollen, finden hier noch vor der Seitenzahl die Angabe der Kilokalorien (kcal) pro Portion.

Zum Nachschlagen

Die Alles-nur-nicht-Kochen Küche

Zum Nachschlagen

Zum Nachschlagen

Impressum

Programmleitung: Doris Birk
Leitende Redakteurin: Birgit Rademacker
Redaktion: Anne Taeschner
Lektorat: idee & text, Gabriele Heßmann
Umschlaggestaltung: independent Medien Design
Produktion: Markus Plötz
Satz: Johannes Kojer, München
Lithos: w & co., München
Druck: Appl, Wemding

ISBN 3-7742-6354-X

Auflage 4. 3. 2.
Jahr 2007 06 05 04

Bildnachweis
Fotoproduktion Rezepte: Studio L'EVEQUE, München

Weitere Fotos
Stockfood Seite 4/5; Harry Bischof Seite 6, 17, 22; GU Archiv: Seite 15 (Dirk Albrecht); 19 (Barbara Bonisolli); 24, 30 (Michael Brauner); 12 (Food-Photographie Eising, M. Görlach); 10 (Jörn Rynio); 21, 26, 31 (Reiner Schmitz)

Marion Grillparzer
Die Diplom-Oecotrophologin und ausgebildete Journalistin lebt in München. Sie arbeitet als freie Autorin für verschiedene Magazine und Buchverlage. Ihre Schwerpunktthemen: Gesundheit und Ernährung. Bei GU erschienen unter anderem die Bestseller »Fatburner. So einfach schmilzt das Fett weg«, das Kultbuch »Die magische Kohlsuppe« sowie »GLYX-Diät – Abnehmen mit Glücksgefühlen«. Drei fundierte Ernährungskonzepte gegen die Sorgen mit den Pfunden. Aus ihrer zwanzigjährigen Erfahrung mit diesem Thema entwickelte sie die GLYX-Diät: Bestechend einfach und wirkungsvoll.

Martina Kittler
Die Mutter von zwei Kindern studierte Oecotrophologie und Sportwissenschaft. Sie war lange im Kochressort der größten deutschen Food-Zeitschrift tätig. Seit 10 Jahren arbeitet sie als Buchautorin und freie Food-Journalistin und widmet sich bevorzugt dem Bereich Fitness durch gesunde Ernährung, verknüpft mit Genussfreude und Familiensinn. Für GU hat sie an zahlreichen Gesundheitsratgebern zu den Themen Diät und Forever Young mitgearbeitet. Auch privat kocht sie leidenschaftlich gerne – am liebsten unkomplizierte, pfiffige Gerichte.

Dank
Für die liebe Hilfe danke ich Nina Basovic, Martina Kittler und Stephan Sepp.

**Ihr GRÄFE UND UNZER VERLAG
Redaktion Kochen & Verwöhnen
Postfach 86 03 25
81630 München
Fax: 0 89/4 19 81 - 113**

Studio L'eveque Food Fotografie
Harry Bischof und Tanja Major (Food & Styling) arbeiten schon lange intensiv für Werbung, Bücher und Zeitschriften im Foodbereich. In der Innenstadt Münchens kreiert das 4-köpfige Team Foodaufnahmen mit erfrischendem Licht und appetitanregendem, trendigem Styling. Es assistieren Krisztina Babics und Hannelore Bellini.

GRÄFE UND UNZER

Ein Unternehmen der
GANSKE VERLAGSGRUPPE